医学影像检查操作规范
DR 成像分册

组织编写 北京市医学影像质量控制和改进中心
北京医学会放射技术分会

总 主 编 王振常 牛延涛 杨正汉

主 　 编 隋 岩 李广民

副 主 编 刘丹丹 杨德武 范文文

人民卫生出版社
·北京·

图书在版编目（CIP）数据

医学影像检查操作规范. DR 成像分册 / 隋岩，李广民主编. -- 北京：人民卫生出版社，2025. 6. -- ISBN 978-7-117-37970-0

I. R445–65

中国国家版本馆 CIP 数据核字第 20254AS059 号

人卫智网	www.ipmph.com	医学教育、学术、考试、健康，购书智慧智能综合服务平台
人卫官网	www.pmph.com	人卫官方资讯发布平台

医学影像检查操作规范
DR 成像分册
Yixueyingxiang Jiancha Caozuo Guifan
DR Chengxiang Fence

主　　编：隋　岩　李广民

出版发行：人民卫生出版社（中继线 010-59780011）

地　　址：北京市朝阳区潘家园南里 19 号

邮　　编：100021

E - mail：pmph @ pmph.com

购书热线：010-59787592　010-59787584　010-65264830

印　　刷：北京瑞禾彩色印刷有限公司

经　　销：新华书店

开　　本：787×1092　1/16　　印张：8

字　　数：215 千字

版　　次：2025 年 6 月第 1 版

印　　次：2025 年 9 月第 1 次印刷

标准书号：ISBN 978-7-117-37970-0

定　　价：55.00 元

打击盗版举报电话：010-59787491　E-mail：WQ @ pmph.com

质量问题联系电话：010-59787234　E-mail：zhiliang @ pmph.com

数字融合服务电话：4001118166　E-mail：zengzhi @ pmph.com

编者名单 （以姓氏笔画为序）

于卫永　北京博爱医院

王予生　首都医科大学附属北京积水潭医院

王伟新　北京中医药大学东方医院

刘　康　首都医科大学附属复兴医院

刘　睿　北京大学第三医院

刘丹丹　首都医科大学附属北京同仁医院

刘建新　应急总医院（中国红十字应急总医院）

李广民　首都医科大学附属北京潞河医院

杨德武　北京卫生职业学院

张　斌　北京市大兴区人民医院

张佩聪　北京怀柔医院

范文文　中国医学科学院肿瘤医院

胡志海　首都医科大学附属北京友谊医院

隋　岩　首都医科大学附属复兴医院

蔡晓松　北京市房山区第一医院

雒　媛　中日友好医院

丛书前言

多年来，国家卫生健康委员会致力于持续推进医学影像检查同质化和影像学报告同质化，为医学影像检查的互认共享提供保障。2022年2月，国家卫生健康委员会、国家医疗保障局等四部门联合发布《医疗机构检查检验结果互认管理办法》，明确指出开展检查检验结果互认工作。2024年3月5日，第十四届全国人大二次会议政府工作报告中明确指出，"深化公立医院改革，以患者为中心改善医疗服务，推动检查检验结果互认"，这也是"检查检验结果互认"首次被写入政府工作报告，这标志着对医学影像检查的规范化、医学影像图像质量的同质化水平提出了更高的要求。

近年来，我国医疗卫生健康事业取得长足进步，医学影像设备在硬件和软件方面的飞速发展在助力健康中国建设中发挥了重要作用。大型综合医院作为医疗健康事业的排头兵，使用最先进的医学影像设备和技术为疾病诊断和治疗提供影像学支持。在国家政策的扶持下，我国地市级、县级甚至社区、乡镇医疗卫生机构普遍装配了先进、昂贵的大型医学影像设备，为基层医疗水平的提升奠定了硬件基础。据统计，我国从事医学影像设备操作的影像技术人员约15~18万人，每年医学影像检查的频度约10亿人次，医学影像检查已成为临床诊疗中重要的组成部分。

当前，我国的医学技术人员尚未建立执业资格考核机制和规范化培训体系，医学影像设备操作人员的专业水平参差不齐、接受系统培训不足，临床工作中操作规范化、图像质量满足疾病诊疗需求等方面都有待提高。

基于以上，迫切需要一套实用的、简明的临床操作规范参考书，以指导影像技术人员在临床实践中根据疾病诊断和治疗的需求规范操作，提升影像检查质量和疾病诊疗的影像学支持水平。本套《医学影像检查操作规范》分为三册，即DR成像分册、CT成像分册和MR成像分册，分别就不同检查项目的操作要点进行阐述。本丛书力求实用性和便捷性，每种检查项目列出可能影响影像质量和诊疗需求的操作要点，文字精简且配以大量示意图和临床典型图像，使读者一目了然，便于查阅和参考使用。

本丛书适用于医学影像检查临床操作人员、规范化培训期间的影像技师、影像诊断医师、影像技术及相关专业在校学生、医学影像相关企业的从业人员等。

在编写过程中，北京市医学影像质量控制和改进中心、北京医学会放射技术分会的同仁积极参与，历时一年多的时间完成书稿，编写期间得到了北京市以及全国影像学界专家和同道的支持，在此一并表示感谢。由于疾病诊疗对影像检查需求的特殊性和影像技术的快速迭代，本书中的内容难免会有不足之处，敬请读者朋友给予反馈，以便再版时修正。

王振常　牛延涛　杨正汉
2025年8月

前　言

数字 X 射线摄影（digital radiography, DR）已在临床使用二十多年，其硬件和软件技术发展快速，对临床操作提出新的要求。2022 年，北京医学会放射技术分会和中华医学会影像技术分会联合发表了《数字 X 射线摄影成像技术和影像质量综合评价专家共识》。该共识从诊断学要求、体位显示要求、成像技术要求、辐射剂量诊断参考水平或典型值 4 个方面对胸部正侧位、颈椎正侧位、腰椎正侧位、膝关节正侧位、肘关节正侧位和腹部立位的 DR 检查进行了阐述和总结，为全国各级医院影像技师提供了参考。为了完善临床实践工作中常规及部分特殊的 DR 检查项目，提高医学影像技师的实践操作技能和影像评价依据，团队编写了本书。

本书参考上述专家共识的内容，补充了全身各部位的 DR 检查，共有 106 个临床检查项目，包括头颈部、胸腹部、脊柱、骨盆、上肢、下肢、骨密度和乳腺摄影。每个检查项目包含了"技术要点""质量要求"及临床应用中所需要注意的小贴士。技术要点中阐述了体位设计、中心线、摄影条件及辐射剂量典型值；质量要求阐述了诊断学要求和体位显示要求。为了便于理解和学习，本书还展示了摄影体位的虚拟仿真图像、DR 标准影像及相应部位的 CT 容积再现（VR）图像。所有 DR 检查项目以表格的形式展示，更有利于读者的阅读。

本书中各检查项目的辐射剂量典型值参照国家标准《电离辐射防护与辐射源安全基本标准》GB 18871—2002 中的数据，根据平板探测器的感度作相应换算，并进行了临床实际测量加以验证。对于该标准中没有涉及的摄影部位和体位，通过现场检测 DR 设备距离焦点 1m 处每毫安秒的入射空气比释动能（不含反散射），并以实际临床患者的曝光条件为参考，计算得出典型值。对不同摄影部位进行体位设计时，应按照相关标准的要求对受检者照射野邻近的辐射敏感器官进行屏蔽防护。

本书可作为医学影像质量控制和改进中心进行影像检查互认和共享的指导用书，可作为医学影像技师规范化培训的教材，也可以作为基层医疗机构放射技师进行影像技术专业岗位培训和学习的参考书。

本书由北京市医学影像质量控制和改进中心、北京医学会放射技术分会的临床一线专家共同完成，编写团队成员包括医学影像技术专业院校授课教师、影像科一线技术人员和从事辐射安全管理的专家。在此，还要特别感谢嘉茂宏（北京）医学科技发展有限公司，为本书专门制作了各种摄影体位设计中的机房、设备和被检者的虚拟仿真图像。

由于 DR 技术不断发展，检查项目不断增加及作者学识有限，书中难免存在疏漏和不足之处，恳请各位同道不吝批评指正。

隋　岩　李广民
2024 年 4 月

目　　录

第一章　DR 摄影常用人体体表定位标志点

定义　在人体的表面可以看到或扪及的固定标志点，这些点与体内某些解剖部位或器官位置相对应，定位点之间的连线称之为定位线。

体表定位标志

表 1-1：头颅体表定位点、定位线及基准面

表 1-2：胸部体表定位标志

图 1-1：腹部体表定位标志

表 1-3：脊柱体表定位标志

表 1-4：四肢、骨盆体表定位标志

表 1-1　头颅体表定位点、定位线及基准面

定位点	定位标志
眉间	两侧眉弓的内侧端中间位置
鼻根	鼻骨与额骨相接处
外耳孔	耳屏对面的椭圆形孔
枕外隆凸	枕骨外面的中部隆起
乳突尖	耳后颞骨乳突部向下尖状突起
下颌角	下颌骨的后缘与下缘相会处形成的钝角
定位线	**定位标志**
听眶线	外耳孔与同侧眼眶下缘间的连线 听眶与解剖学的水平面平行
听眦线 （X 射线摄影基线）	外耳孔与同侧眼外眦间的连线 与同侧听眶线夹角约 12°
听鼻线	外孔与同侧鼻翼下缘间的连线 与同侧听眶线夹角约 13°
听口线	外耳孔与同侧口角间的连线 与同侧听眶线夹角约 23°
听眉线	外耳孔与眉间的连线 与同侧听眶线夹角约 22°
瞳间线（眼窝间线）	两瞳孔间的连线

续表

基准面	定位标志
正中矢状面	将头颅纵向分为左、右均等的两部分的切面 与正中矢状面平行的所有的面，称为矢状面
解剖学水平面	经颅骨听眶线，将头颅分成上、下两部分的水平断面
耳垂额状面	沿外耳孔作解剖学水平面垂直线，将头颅分作前后两部分的冠状断面

表 1-2　胸部体表定位标志

体内结构	定位标志
胸骨颈静脉切迹	胸骨上缘凹陷处，平第 2 胸椎下缘高度
胸骨角	平对气管分叉/第 4、5 胸椎椎体交界处
剑突末端	胸骨最下端，平第 11 胸椎椎体高度
肋弓最低点	平第 3 腰椎高度
锁骨中线	通过锁骨中点的垂线
腋前线	通过腋窝前缘的垂线
腋中线	通过腋窝中点的垂线
腋后线	通过腋窝后缘的垂线

腹部体表定位标志

常采用"九区分法"，即用两条水平线和两条垂直线将腹部分为九个区。上水平线为经过两侧肋弓下缘最低点的连线，下水平线为经过两侧髂嵴最高点的连线，两条垂直线分别为左锁骨中线与左腹股沟韧带中点的连线和右锁骨中线与右腹股沟韧带中点的连线。所分的九个区，上部为腹上区、左季肋区和右季肋区，中部为脐区、左腰区和右腰区，下部为腹下区、左髂区和右髂区。

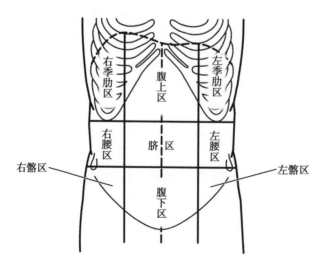

图 1-1　腹部体表定位标志

表 1-3　脊柱体表定位标志

体内结构	前面定位标志	侧、背面定位标志
第 1 颈椎	上腭	
第 2 颈椎	上腭牙齿咬合面	
第 3 颈椎	下颌角	
第 4 颈椎	舌骨	
第 5 颈椎	甲状软骨	
第 6 颈椎	环状软骨	
第 7 颈椎	环状软骨下 2cm	颈根部最突出的棘突
第 2、3 胸椎间	胸骨颈静脉切迹	
第 4、5 胸椎间	胸骨角	肩胛上角
第 6 胸椎	双乳头连线中点（男）	
第 7 胸椎	胸骨体中点	肩胛下角
第 11 胸椎	胸骨剑突末端	
第 1 腰椎	剑突末端与肚脐连线中点	
第 3 腰椎	脐上 3cm	肋弓下缘（最低点）
第 4 腰椎	脐	髂嵴
第 5 腰椎	脐下 3cm	髂嵴下 3cm
第 2 骶椎	髂前上棘连线中点	
尾骨	耻骨联合	

表 1-4　四肢、骨盆体表定位标志

体内结构	定位标志
尺骨茎突	尺骨远端腕部内侧的突起
桡骨茎突	桡骨远端腕部外侧的突起
尺骨鹰嘴	肘关节背侧的突起
肱骨内上髁	肘关节内侧的突起
肱骨外上髁	肘关节外侧的突起
肱骨大结节	肩峰外下方的突起
锁骨	位于胸廓前上方横向可触及的内低外高的骨骼
肩峰	肩胛冈外上方的突起
肩胛骨喙突	肩峰前内下深按可扪及的突起
肩胛下角	肩胛骨最下端，与第 7 胸椎下缘等高
内踝	胫骨远端踝关节内侧的突起
外踝	腓骨远端踝关节外侧的突起

续表

体内结构	定位标志
胫骨粗隆	胫骨近端前缘的突起
髌骨	膝关节前方可活动的骨骼
股骨内上髁	股骨远端膝关节内侧的突起
股骨外上髁	股骨远端膝关节外侧的突起
腓骨小头	膝关节外下方可扪及的突起
髂嵴	髂骨最高处的突起,平第4腰椎棘突高度
髂前上棘	髂骨前上方的突起,平第2骶椎高度
股骨大粗隆	股骨近端外侧的突起,平耻骨联合高度

第二章 全身各部位摄影技术

第一节 头 颈 部

<table>
<tr>
<td rowspan="2">1</td>
<td>头颅后前位</td>
</tr>
<tr>
<td>

- **体位设计**：患者俯卧于摄影床上，前额紧贴床面，双手置在头部两侧，保持身体稳定；头颅正中矢状面与平板探测器垂直，并与其纵轴中线重合；下颌内收，听眦线与平板探测器垂直。
- **中心线**：对准枕外隆凸至眉心，垂直入射。
- **摄影参数**：

70～80kV，AEC（中间电离室），FDD（摄影距离）：≥110cm，使用滤线栅。

照射野与摄影部位匹配，满足显示范围要求但不包含过多不必要组织。

大焦点；总滤过≥2.5mmAl 当量，推荐使用附加复合滤过板。

- **呼吸方式**：平静呼吸下屏气曝光。
- **辐射剂量诊断参考水平**：入射空气比释动能为 0.51mGy。

图 1-1 头颅后前位（远）

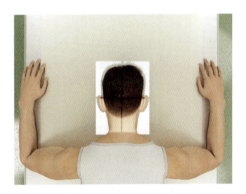

图 1-2 头颅后前位（近）

</td>
</tr>
<tr>
<td>质量要求</td>
<td>

- 影像范围包括全部颅骨及下颌骨升支；
- 矢状缝与鼻中隔位于影像正中，两侧眼眶外缘与同侧颅骨外缘距离相等；
- 颞骨岩部顶端投影于眼眶正中；
- 骨边缘锐利，蝶骨大翼和小翼、额骨、眶上裂、额窦、筛窦、眶下裂和鸡冠清晰可见；
- 无运动伪影、体外物品干扰影、探测器伪影及滤线栅切割影。

</td>
</tr>
</table>

技术要点

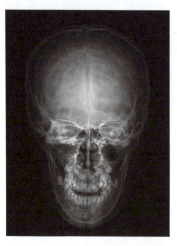

图 1-3 头颅后前位 DR 图像

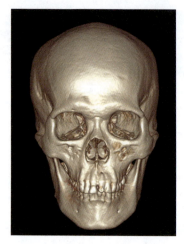

图 1-4 头颅后前位 VR 图像

小贴士：

1. 躯干及颈部姿态对头颅体位也有影响，故应先嘱咐患者放松，摆正身体后再调整头颅体位。

2. 颅骨表面可见占位病变（例如头皮血肿）时，照射野应包全病变。

2 头颅侧位

技术要点

- **体位设计**：患者俯卧于摄影床上，然后头颈部侧转，近台侧肢体置于身体一侧，远台侧手掌半握拳垫于下颌部；头颅正中矢状面与平板探测器平行；瞳间线与平板探测器垂直。
- **中心线**：对准外耳孔前方和上方各2.5cm处，垂直入射。
- **摄影参数**：
  70～80kV，AEC（中间电离室），FDD：≥110cm，使用滤线栅。
  照射野与摄影部位匹配，满足显示范围要求但不包含过多不必要组织。
  大焦点；总滤过≥2.5mmAl当量，推荐使用附加复合滤过板。
- **呼吸方式**：平静呼吸下屏气曝光。
- **辐射剂量诊断参考水平**：入射空气比释动能为0.53mGy。

图2-1 头颅侧位（远）

图2-2 头颅侧位（近）

质量要求

- 影像范围包括全部颅骨及下颌骨升支；
- 蝶鞍位于影像正中，鞍底呈单边显示；
- 骨边缘锐利，颅骨内、外板及板障清晰可见；
- 无运动伪影、体外物品干扰影、探测器伪影及滤线栅切割影。

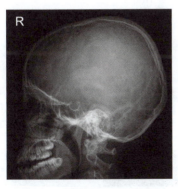

图2-3 颅脑侧位DR图像

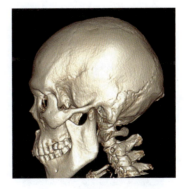

图2-4 颅脑侧位VR图

小贴士：蝶鞍侧位摄影体位同上，但照射野缩小至包括整个鞍区及邻近组织。

3　　　　　　　　　　　　　　　　　　　鼻咽侧位

技术要点

- **体位设计**：患者侧立于摄影架前，肩部紧贴摄影架，双臂自然下垂；人体正中矢状面与平板探测器平行；颈部伸直，下颌抬高。
- **中心线**：对准外耳孔前方和下方各3cm处，垂直入射。
- **摄影参数**：
  60～70kV，AEC（中间电离室），FDD：≥150cm，使用滤线栅。
  照射野与摄影部位匹配，满足显示范围要求但不包含过多不必要组织。
  大焦点；总滤过≥2.5mmAl当量，推荐使用附加复合滤过板。
- **呼吸方式**：深吸气末屏气曝光。
- **辐射剂量诊断参考水平**：入射空气比释动能为0.53mGy。

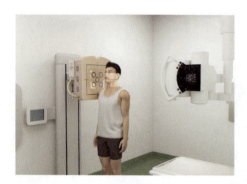　　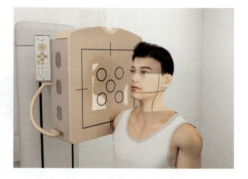

图3-1　鼻咽侧位（远）　　　　　　　　　　图3-2　鼻咽侧位（近）

质量要求

- 影像范围包括鼻咽、口咽及上段气管；
- 鼻咽部位于影像正中；
- 双侧下颌骨后缘重叠；
- 鼻咽部至上段气管充气良好，边界清晰可见；
- 咽部软组织清晰可见；
- 无运动伪影、体外物品干扰影、探测器伪影及滤线栅切割影。

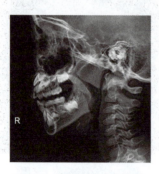　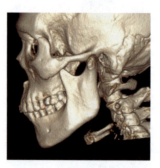　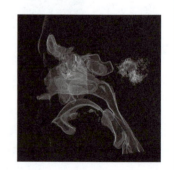

图3-3　鼻咽侧位DR图像　　图3-4　鼻咽侧位VR图　　图3-5　鼻咽侧位气道VR图

小贴士：深吸气后屏气曝光是为了使鼻咽部充气，增加与软组织之间的对比度。

4

鼻骨侧位

技术要点

- **体位设计**：患者俯卧于摄影床上，头颈部侧转，近台侧肢体置于身体一侧，远台侧手掌置于床面，保持身体稳定；头颅正中矢状面与平板探测器平行。
- **中心线**：对准鼻根下 1cm 处，垂直入射。
- **摄影参数**：

  45～55kV，3～5mAs，FDD：≥110cm，不使用滤线栅。

  照射野与摄影部位匹配，满足显示范围要求但不包含过多不必要组织。

  小焦点；总滤过≥2.5mmAl 当量。
- **呼吸方式**：平静呼吸下屏气曝光。
- **辐射剂量典型值**：入射空气比释动能为 0.3mGy。

图 4-1 鼻骨侧位（远）

图 4-2 鼻骨侧位（近）

质量要求

- 影像范围包括鼻骨及软组织、鼻前棘和鼻额缝；
- 鼻骨位于影像中心；
- 鼻骨边缘清晰，无双边影，软组织层次可见；
- 无运动伪影、体外物品干扰影、探测器伪影及滤线栅切割影。

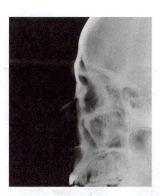
图 4-3 鼻骨侧位 DR 图像

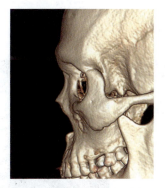
图 4-4 鼻骨侧位 VR 图

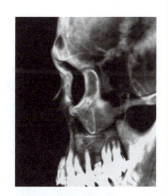
图 4-5 鼻骨侧位特殊 VR 图

小贴士：如果滤线栅无法取出时，应适当增加摄影条件。

第二节 胸、腹部

5 | 胸部后前位

技术要点

- **体位设计**：患者面向摄影架站立，双脚略分开，双下肢均匀负重；人体正中矢状面与平板探测器垂直，并与其纵轴中线重合；下颌抬高；肘关节屈曲，双手背于髂部；双肩旋前紧贴摄影架。
- **中心线**：对准第6胸椎，垂直入射。
- **摄影参数**：
  110～125kV，AEC（双上电离室），FDD：≥180cm，使用滤线栅。
  照射野与摄影部位匹配，满足显示范围要求但不包含过多不必要组织。
  推荐使用小焦点；总滤过≥3.0mmAl当量，推荐使用附加复合滤过板。
- **呼吸方式**：深吸气末屏气曝光。
- **辐射剂量诊断参考水平**：入射空气比释动能为0.14mGy。

图 5-1 胸部后前位（远）

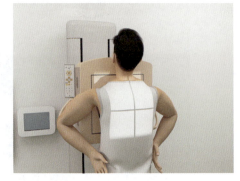

图 5-2 胸部后前位（近）

质量要求

- 影像范围包括肺尖至后肋膈角、两侧骨性胸廓和软组织；
- 骨性胸廓左、右对称显示，胸锁关节左、右对称投影于第3胸椎至第4胸椎水平；
- 肩胛骨内侧缘投影于肺野之外；
- 右侧膈顶不高于第10后肋水平；
- 肺纹理清晰锐利，能连续追踪到肺野外带，左、右肺野亮度基本一致；
- 清晰可见直径2mm的血管影，连续追踪肺野外带直径1mm血管影；
- 心脏、纵隔边缘清晰锐利，肺门阴影结构可辨；
- 无运动伪影、体外物品干扰影、探测器伪影及滤线栅切割影。

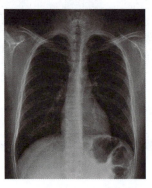

图 5-3 胸部后前位 DR 图像

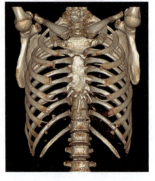

图 5-4 胸部后前位 VR 图

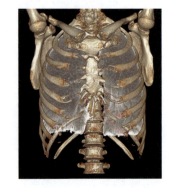

图 5-5 胸部后前位含肺 VR 图

小贴士：训练受检者采用腹式呼吸方式（吸气时膈肌下降），深吸气后屏气曝光。

6　　　　　　　　　　　　　　　胸部侧位

技术要点

- **体位设计**：患者侧立于摄影架前，双下肢均匀负重；人体正中矢状面与平板探测器平行；被检侧肢体紧贴摄影架，双臂上举置于头顶，下颌抬高。
- **中心线**：对准第 6 胸椎，垂直入射。
- **摄影参数**：
  120～140kV，AEC（中间电离室），FDD：≥180cm，使用滤线栅。
  照射野与摄影部位匹配，满足显示范围要求但不包含过多不必要组织。
  大焦点；总滤过≥3.0mmAl 当量，推荐使用附加复合滤过板。
- **呼吸方式**：深吸气末屏气曝光。
- **辐射剂量诊断参考水平**：入射空气比释动能为 0.31mGy。

图 6-1　胸部侧位（远）　　　　　　　　图 6-2　胸部侧位（近）

质量要求

- 影像范围包括全部肺野及胸廓软组织；
- 胸骨及胸椎呈侧位显示，左、右肺野后缘重叠，肋膈角清晰显示；
- 两侧上肢与肺野无重叠；
- 从颈部到气管分叉部，能连续追踪到气管影；
- 肺纹理自肺门向肺野外带连续追踪，并清晰可见直径 2mm 的血管影；
- 心脏后缘、主动脉弓和降主动脉边缘可见；
- 无运动伪影、体外物品干扰影、探测器伪影及滤线栅切割影。

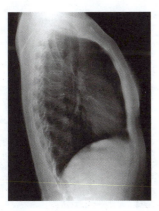  

图 6-3　胸部侧位 DR 图像　　图 6-4　胸部侧位 VR 图　　图 6-5　胸部侧位含肺 VR 图

小贴士：
1. 常规摄取左侧位。胸部后前位影像中发现病灶时，病变侧贴靠摄影架。
2. 为了保证人体正中矢状面与平板探测器平行，对于体瘦、肩宽的患者，髋部和胸部是不能紧贴摄影架的。

7

胸部双能成像

技术要点

- **体位设计**：患者面向摄影架站立，双脚略分开，双下肢均匀负重；人体正中矢状面与平板探测器垂直，并与其纵轴中线重合；下颌抬高，肘关节屈曲，双手背于髂部；双肩旋前紧贴摄影架。
- **中心线**：对准第6胸椎，垂直入射。
- **摄影参数**：
  高电压：100～120kV；低电压：60～80kV，AEC（双上电离室），FDD：≥180cm，使用滤线栅。
  照射野与摄影部位匹配，满足显示范围要求但不包含过多不必要组织。
  大焦点；总滤过≥3.0mmAl当量，推荐使用附加复合滤过板。
- **呼吸方式**：深吸气末屏气曝光。
- **辐射剂量典型值**：入射空气比释动能为1mGy。

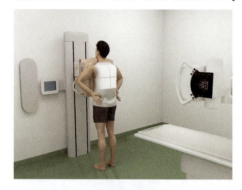 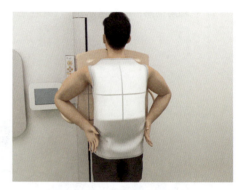

图7-1　胸部双能成像（远）　　　　图7-2　胸部双能成像（近）

质量要求

- 标准影像的质量要求同胸部后前位；
- 胸部骨组织影像显示完整胸廓骨架，肋骨边缘锐利；
- 胸部软组织影像显示肺野、横膈和纵隔，无骨性结构重叠，肺纹理清晰可见，心脏边缘锐利、无双边；
- 无运动伪影、体外物品干扰影、探测器伪影及滤线栅切割影。

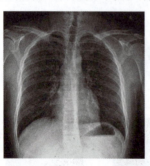 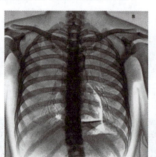 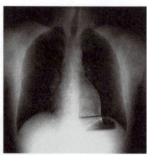

图7-3　胸部双能成像正位DR图像

 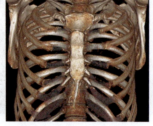 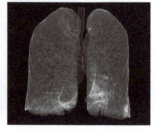

图7-4　胸部双能成像正位VR图

　　小贴士：双能减影（dual energy subtraction, DES）能分别观察胸部软组织及骨骼，具有去除肋骨遮挡直接观察肺部病变的能力，对于肺内结节与团块、炎性渗出与实变、结核性病变的形态轮廓和内部结构显示效果更好，并能用于病灶内的钙化分析。

8 膈上肋骨后前位

技术要点

- **体位设计**：患者面向摄影架站立，双脚略分开，双下肢均匀负重；人体正中矢状面与平板探测器垂直，并与其纵轴中线重合；下颌抬高；双手扶住摄影架或双臂自然下垂置于身体两侧，双肩转前紧贴胸片架。
- **中心线**：对准第 7 胸椎，垂直入射。
- **摄影参数**：
  70～80kV，AEC（中间电离室），FDD：≥180cm，使用滤线栅。
  照射野与摄影部位匹配，满足显示范围要求但不包含过多不必要组织。
  大焦点；总滤过≥2.5mmAl 当量，推荐使用附加复合滤过板。
- **呼吸方式**：深吸气末屏气曝光。
- **辐射剂量典型值**：入射空气比释动能为 0.5mGy。

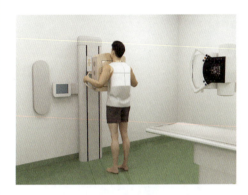

图 8-1 膈上肋骨后前位（远）

图 8-2 膈上肋骨后前位（近）

质量要求

- 影像范围包括膈上第 1 至第 10 肋及周围软组织；
- 骨性胸廓及胸锁关节左、右对称显示；
- 右侧膈顶不高于第 10 后肋水平；
- 肋骨边缘锐利，周围软组织层次可见；
- 无运动伪影、体外物品干扰影、探测器伪影及滤线栅切割影。

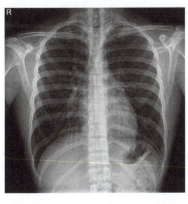

图 8-3 膈上肋骨后前位 DR 图像

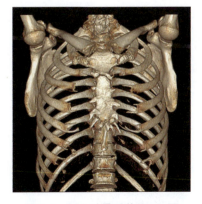

图 8-4 膈上肋骨后前位 VR 图

小贴士：观察膈肌下肋骨（第 8 至第 12 肋骨）骨质情况时采取前后位摄影，中心线向头端倾斜10°～15°，经剑突与脐连线中点摄入，呼气后屏气曝光。

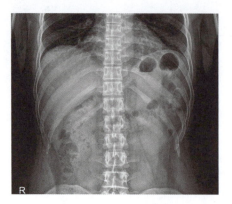

图 8-5　膈下肋骨 DR 图像

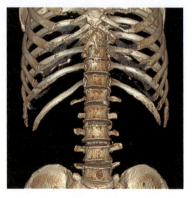

图 8-6　膈下肋骨 VR 图

9 肋骨斜位

技术要点

- **体位设计**：患者面向摄影架站立，然后身体向后旋转，使人体冠状面与平板探测器呈45°；患侧肢体紧贴摄影架，肘关节屈曲，手背于髂部，健侧手臂高举置于头顶。
- **中心线**：对准肋骨侧缘与脊柱间的中点，第7胸椎水平高度，垂直入射。
- **摄影参数**：
  70～80kV，AEC（中间电离室），FDD：≥180cm，使用滤线栅。
  照射野与摄影部位匹配，满足显示范围要求但不包含过多不必要组织。
  大焦点；总滤过≥2.5mmAl当量，推荐使用附加复合滤过板。
- **呼吸方式**：深吸气末屏气曝光。
- **辐射剂量典型值**：入射空气比释动能为0.7mGy。

图9-1　肋骨斜位（远）

图9-2　肋骨斜位（近）

质量要求

- 影像范围包括整个骨性胸廓及周围软组织；
- 腋中线部肋骨呈平面显示；
- 肋骨颈部可见；
- 肋骨边缘锐利，骨皮质、骨小梁骨结构清晰可见，周围软组织层次可见；
- 无运动伪影、体外物品干扰影、探测器伪影及滤线栅切割影。

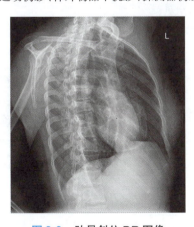

图9-3　肋骨斜位DR图像

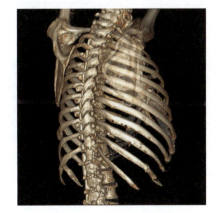

图9-4　肋骨斜位VR图

小贴士：

1. 此项检查可观察侧肋损伤或病变情况，以弥补正位片的不足。腋段肋骨在肋骨正位像呈切线位显示，前后重叠，对于无错位或轻度错位、隐匿性骨折较难诊断。

2. 肋骨斜位显示一侧肋骨的斜位像，例如：观察右侧肋骨使用右后斜位或左前斜位，左侧肋骨使用左后斜位或右前斜位。

10 锁骨后前位

技术要点

- **体位设计**：患者面向摄影架站立，人体正中矢状面与平板探测器垂直，不要旋转身体；患侧锁骨置于平板探测器中心，手臂自然下垂，头转向健侧。
- **中心线**：对准锁骨中点，垂直入射。
- **摄影参数**：

  60～70kV，10～14mAs，FDD：≥120cm，使用滤线栅。

  照射野与摄影部位匹配，满足显示范围要求但不包含过多不必要组织。

  大焦点；总滤过≥2.5mmAl当量，推荐使用附加复合滤过板。
- **呼吸方式**：平静呼吸下屏气曝光。
- **辐射剂量诊断参考水平**：入射空气比释动能为0.51mGy。

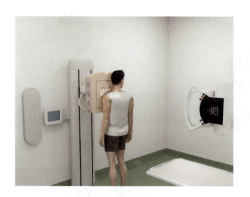

图 10-1 锁骨后前位（远）

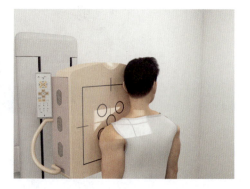

图 10-2 锁骨后前位（近）

质量要求

- 影像范围包括锁骨、胸锁关节、肩峰及肩部软组织；
- 锁骨形态平直，内侧1/3与胸廓重叠；
- 肩锁关节及胸锁关节清晰可见；
- 骨皮质、骨小梁结构清晰可见，周围软组织层次可见；
- 无运动伪影、体外物品干扰影、探测器伪影及滤线栅切割影。

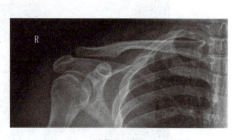

图 10-3 锁骨后前位 DR 图像

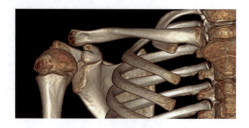

图 10-4 锁骨后前位 VR 图

小贴士：

1. 锁骨与人体冠状面的夹角10°～15°，从影像质量方面考虑，应采用前后位摄影，但从敏感器官的辐射防护方面考虑，可以选择后前位。

2. 当锁骨骨折线不完全或错位轻时，受到锁骨"S"形弯曲对投影的影响，锁骨后前位X射线影像上骨折可能显示不清，造成不典型骨折漏诊，故对临床症状典型的受检者可采用上下轴位或加摄健侧锁骨位进行对比，采用透视进行转动体位观察，以提高诊断准确性。

11 胸锁关节后前位

技术要点

- **体位设计**：患者面向摄影架站立，双下肢均匀负重，胸部紧贴摄影架；人体正中矢状面与平板探测器垂直，并与其纵轴中线重合；下颌抬高，双臂自然下垂置于身体两侧。
- **中心线**：对准胸骨颈静脉切迹，垂直入射。
- **摄影参数**：
  60～70kV，AEC（中间电离室），FDD：≥120cm，使用滤线栅。
  照射野与摄影部位匹配，满足显示范围要求但不包含过多不必要组织。
  大焦点；总滤过≥2.5mmAl 当量，推荐使用附加复合滤过板。
- **呼吸方式**：平静呼吸下屏气曝光。
- **辐射剂量诊断参考水平**：入射空气比释动能为 0.51mGy。

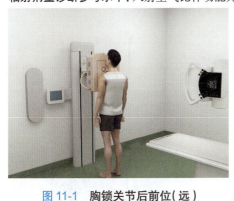

图 11-1 胸锁关节后前位（远）

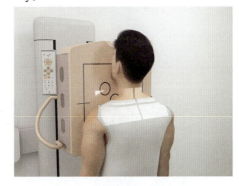

图 11-2 胸锁关节后前位（近）

质量要求

- 影像范围包括两侧锁骨内侧部分、胸锁关节及周围软组织；
- 胸骨柄位于图像正中，两侧胸锁关节对称显示；
- 胸锁关节间隙清晰可见；
- 锁骨骨皮质、骨小梁结构清晰可见，周围软组织层次可见；
- 无运动伪影、体外物品干扰影、探测器伪影及滤线栅切割影。

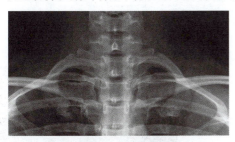

图 11-3 胸锁关节后前位 DR 图像

图 11-4 胸锁关节后前位 VR 图

小贴士：胸锁关节是上肢与躯干之间的唯一关节，主要由锁骨的胸骨端和胸骨的锁骨切迹构成，关节囊内有关节盘。医学影像学上的关节间隙不等于解剖学上的关节腔，关节腔是关节软骨之间的细窄间隙，软骨和关节盘在 X 射线上不显影，故关节间隙比关节腔要宽。

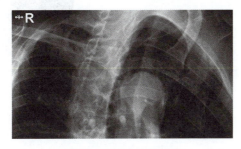

图 11-5 胸锁关节斜位

12 腹部后前立位

技术要点

- **体位设计**：患者面向摄影架站立，双下肢均匀负重，腹部紧贴摄影架；人体正中矢状面与平板探测器垂直，并与其纵轴中线重合；双手扶住摄影架或双臂自然下垂置于身体两侧。
- **中心线**：对准剑突与耻骨上缘连线中点以上3～5cm处，垂直入射。
- **摄影参数**：
  75～85kV，AEC（双上/中间电离室），FDD：120～150cm，使用滤线栅。
  照射野与摄影部位匹配，满足显示范围要求但不包含过多不必要组织。
  大焦点；总滤过≥3.0mmAl当量，推荐使用附加复合滤过板。
- **呼吸方式**：深呼气末屏气曝光。
- **辐射剂量诊断参考水平**：入射空气比释动能为1.25mGy。

 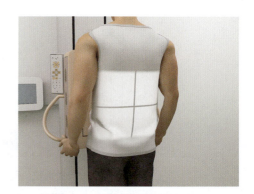

图12-1 腹部后前立位（远）　　图12-2 腹部后前立位（近）

质量要求

- 影像范围最大限度地包含两侧横膈至耻骨联合、两侧腹壁软组织；
- 影像上缘包括横膈顶部和部分肺野；
- 脊椎椎体和棘突位于影像纵轴中线，两侧肋骨、髂骨翼对称显示；
- 两侧横膈顶部边缘锐利清晰，胃泡、肠道气体清晰可见；
- 无运动伪影、体外物品干扰影、探测器伪影及滤线栅切割影。

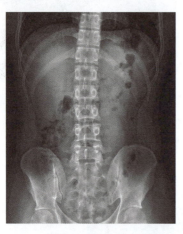 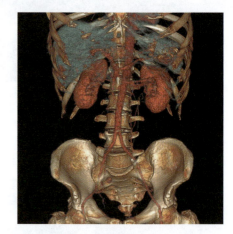

图12-3 腹部后前立位DR图像　　图12-4 腹部后前立位VR图

小贴士：

1. 此项检查的摄影目的是诊断消化道穿孔、肠梗阻及肾下垂等疾病，而对于不能站立的被检者可采用腹部前后坐位或腹部侧卧位摄影。

2. 采用后前位的主要原因，是考虑人体腹侧重要组织和器官（胸腺、乳腺、生殖腺等）的辐射防护需要。

13　腹部前后卧位

技术要点

- **体位设计**：患者仰卧于摄影床上，人体正中矢状面与平板探测器垂直，并与其纵轴中线重合；双臂上举置于头顶或置于身体两侧，双下肢伸直。
- **中心线**：对准剑突与耻骨联合上缘连线中点，垂直入射。
- **摄影参数**：
  75～85kV，AEC（双上/中间电离室），FDD：≥110cm，使用滤线栅。
  照射野与摄影部位匹配，满足显示范围要求但不包含过多不必要组织。
  大焦点；总滤过≥3.0mmAl当量，推荐使用附加复合滤过板。
- **呼吸方式**：深呼气末屏气曝光。
- **辐射剂量诊断参考水平**：入射空气比释动能为2.18mGy。

图 13-1　腹部前后卧位（远）

图 13-2　腹部前后卧位（近）

质量要求

- 影像范围最大限度地包含双侧横膈至耻骨联合、两侧腹壁软组织；
- 影像下缘包括耻骨联合上缘；
- 脊椎椎体和棘突位于影像纵轴中线，两侧髂骨翼和闭孔对称显示；
- 肾脏轮廓、腰大肌外侧缘、腹壁脂肪线可见；
- 无运动伪影、体外物品干扰影、探测器伪影及滤线栅切割影。

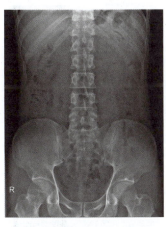
图 13-3　腹部前后卧位 DR 图像

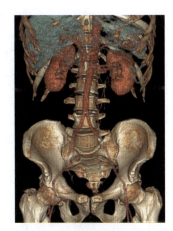
图 13-4　腹部前后卧位 VR 图

　　小贴士：除急腹症及孕妇外，腹部摄影前均应先尽量清除肠腔内容物。自洁法是摄影前一日晚服缓泻剂，摄影日晨禁食、禁水，灌肠法是摄影前2小时用生理盐水（约1 500ml）进行清洁灌肠。摄影前应让被检者站立或侧卧片刻，可以使腹腔内游离气体移动到膈下或侧腹壁。

第三节　脊　柱

14

全脊柱正位

技术要点

- **体位设计**：将拼接支架固定于摄影架前；患者背靠支架站立，双脚略分开，双下肢均匀负重；人体正中矢状面与平板探测器垂直，并与其纵轴中线重合；双臂自然下垂置于身体两侧，下颌抬高。
- **中心线**：追踪摄影架中心。
- **摄影参数**：
  65～85kV，AEC（中间电离室），FDD：180～300cm，使用专用滤线栅。
  照射野上缘包括外耳孔上缘，下缘包括耻骨联合下缘。
  大焦点；总滤过≥2.5mmAl当量，推荐使用附加复合滤过板。
- **呼吸方式**：平静呼吸下曝光。
- **辐射剂量典型值**：入射空气比释动能为3mGy。

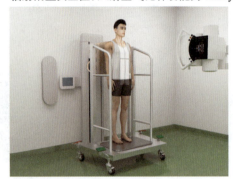

图 14-1　全脊柱正位（远）

图 14-2　全脊柱正位（近）

质量要求

- 影像范围包括颅底至耻骨联合及周围软组织；
- 全脊柱椎体左、右对称，显示于影像纵轴中线；
- 脊柱各段椎体边缘清晰可见；
- 拼接处的椎体无失真；
- 铅标尺清晰显示，与脊柱无重叠；
- 无运动伪影、体外物品干扰影、探测器伪影及滤线栅切割影。

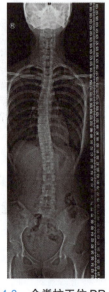

图 14-3　全脊柱正位 DR 图像

图 14-4　全脊柱正位 VR 图

小贴士：

1. 不同品牌型号 DR 拼接摄影时，FDD 和中心线对准位置可能不同，需要按所用设备要求进行中心线和摄影条件设置。

2. 根据设备情况尽量缩小横向照射野面积，降低患者辐射剂量。

3. 全脊柱摄影时应嘱患者脱鞋，避免鞋跟高度及鞋底磨损对站立时脊柱形态造成影响。正位摄影时双手可轻置于两侧扶手，但应注意不可影响身体重心。

4. 脊柱侧弯指脊柱在冠状面向侧方偏离中线，Cobb 角度超过 10°，并在水平面发生椎体旋转畸形，椎体旋转度超过 5°。Cobb 角<25°，无须手术治疗，在康复治疗师的指导下进行姿势矫正的动作训练，进行动态观察；25°<Cobb 角<40°，建议支具治疗；40°<Cobb 角<50°，患者发育未成熟，建议手术治疗；50°<Cobb 角，手术治疗。

5. Cobb 角多于脊柱标准全长正位影像上测量。先确定侧弯的上下端椎，在上下端椎的上下缘各画一横线，对这两个横线作垂线，该二垂线的交角为 Cobb 角。如侧弯较大，上述二横线的交角亦等同于 Cobb 角。

15 全脊柱侧位

技术要点

- **体位设计**：将拼接支架固定于摄影架前；患者侧立于支架前，双下肢均匀负重；人体正中矢状面与平板探测器平行；肩部紧贴支架，双臂上举，下颌抬高。
- **中心线**：追踪摄影架中心。
- **摄影参数**：
  70～90kV，AEC（中间电离室），FDD：180～300cm，使用专用滤线栅。
  照射野上缘包括外耳孔上，下缘包括耻骨联合下缘。
  大焦点；总滤过≥2.5mmAl当量，推荐使用附加复合滤过板。
- **呼吸方式**：平静呼吸下曝光。
- **辐射剂量典型值**：入射空气比释动能为8mGy。

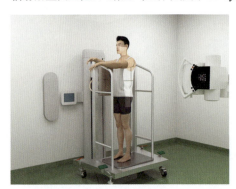

图 15-1 全脊柱侧位（远）

图 15-2 全脊柱侧位（近）

质量要求

- 影像范围包括外耳孔至尾骨末段、髋关节、股骨近段及周围软组织；
- 全脊柱椎体以自然生理曲度显示于影像纵轴中线；
- 脊柱各段椎体轮廓可见；
- 拼接处椎体无失真；
- 铅标尺清晰显示，与脊柱无重叠；
- 无运动伪影、体外物品干扰影、探测器伪影及滤线栅切割影。

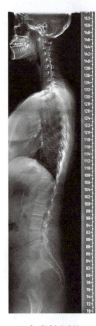

图 15-3 全脊柱侧位 DR 图像

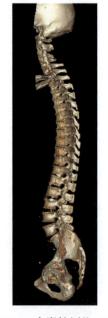

图 15-4 全脊柱侧位 VR 图

16 寰枢椎张口位

技术要点

- **体位设计**：患者背靠摄影架站立，双下肢均匀负重；人体正中矢状面与平板探测器垂直，并与其纵轴中线重合；张大口，调整头部，使上颌中切牙咬合面至乳突尖连线与平板探测器垂直。
- **中心线**：对准张大口的口腔中心，垂直入射。
- **摄影参数**：
  70～80kV，AEC（中间电离室），FDD：≥150cm，使用滤线栅。
  照射野与摄影部位匹配，满足显示范围要求但不包含过多不必要组织。
  小焦点；总滤过≥2.5mmAl 当量，推荐使用附加复合滤过板。
- **呼吸方式**：平静呼吸下屏气曝光。
- **辐射剂量诊断参考水平**：入射空气比释动能为 0.51mGy。

图 16-1　寰枢椎张口位（远）　　　　图 16-2　寰枢椎张口位（近）

质量要求

- 影像范围包括上门牙、齿状突、枢椎、寰椎侧块及寰枢关节；
- 枢椎棘突位于影像纵轴中线，齿状突位于影像中心；
- 两侧寰椎侧块至下颌骨髁突距离相等；
- 上门牙下缘与颅底重叠，寰枕关节清晰可见；
- 骨皮质、骨小梁结构清晰可见；
- 无运动伪影、体外物品干扰影、探测器伪影及滤线栅切割影。

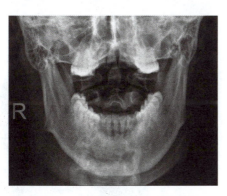

图 16-3　寰枢椎开口位 DR 图像

图 16-4　寰枢椎开口位 VR 图

小贴士：
1. 头后仰不足门齿与齿状突重叠，后仰过度枕骨下缘与齿状突重叠。
2. 曝光前可嘱咐受检者尽量张大口，并发出"啊……"音。
3. 外伤不能后仰的，可倾斜中心线，使之与乳齿线平行。
4. 体位设计时需要注意矢状面方向，体位左、右不对称可导致两侧寰枢侧关节间距不相等，造成半脱位假象。

17 颈椎前后正位

技术要点

- **体位设计**：患者背靠摄影架站立，双下肢均匀负重；人体正中矢状面与平板探测器垂直，并与其纵轴中线重合；调整头部，使上颌中切牙咬合面至乳突尖连线与平板探测器垂直。
- **中心线**：向头侧倾斜10°～15°，对准第4颈椎入射。
- **摄影参数**：
  70～80kV，AEC（中间电离室），FDD：≥120cm，使用滤线栅。
  照射野与摄影部位匹配，满足显示范围要求但不包含过多不必要组织。
  小焦点；总滤过≥2.5mmAl当量，推荐使用附加复合滤过板。
- **呼吸方式**：平静呼吸下屏气曝光。
- **辐射剂量诊断参考水平**：入射空气比释动能为0.51mGy。

图 17-1 颈椎前后正位（远）

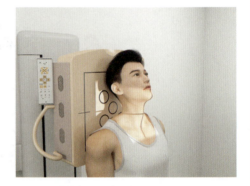

图 17-2 颈椎前后正位（近）

质量要求

- 影像范围包括颅底至第1胸椎及颈部两侧软组织；
- 颈椎椎体左、右对称，显示于影像纵轴中线；
- 第3至第5颈椎位于影像中心，两侧横突、椎弓根对称显示；
- 下颌骨下缘与枕骨下缘的影像重叠；
- 椎体边缘、椎间关节、横突和棘突清晰可见；
- 椎体骨皮质、骨小梁结构清晰可见；
- 颈部软组织层次可见，气管管壁可见；
- 无运动伪影、体外物品干扰影、探测器伪影及滤线栅切割影。

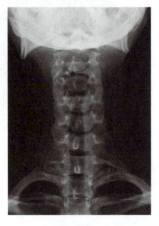

图 17-3 颈椎前后正位 DR 图像

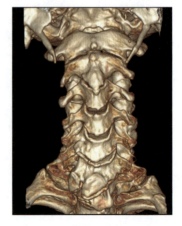

图 17-4 颈椎前后正位 VR 图

小贴士：下颌骨不能抬高者可倾斜角度加大，使中心线平行于下颌底与枕骨下缘连线。

18

颈椎侧位

技术要点

- **体位设计**：患者侧立于摄影架前，双下肢均匀负重；人体正中矢状面与平板探测器平行；肩部紧贴摄影架，双肩下垂，下颌抬高。
- **中心线**：对准第4颈椎，垂直入射。
- **摄影参数**：

  70～80kV，AEC（中间电离室），FDD：≥120cm，使用滤线栅。

  照射野与摄影部位匹配，满足显示范围要求但不包含过多不必要组织。

  小焦点；总滤过≥2.5mmAl当量，推荐使用附加复合滤过板。
- **呼吸方式**：平静呼吸下屏气曝光。
- **辐射剂量诊断参考水平**：入射空气比释动能为0.51mGy。

图18-1　颈椎侧位（远）	图18-2　颈椎侧位（近）

质量要求

- 影像范围包括外耳孔上1cm至第1胸椎及颈部软组织；
- 显示颈椎自然生理曲度，第3至第5颈椎位于影像中心；
- 椎体呈侧位显示，椎体后缘重叠，无双边影；
- 下颌骨与椎体无重叠；
- 椎体边缘、椎间关节、棘突清晰可见；
- 椎体骨皮质、骨小梁结构清晰可见；
- 颈部软组织层次可见，气管管壁可见；
- 无运动伪影、体外物品干扰影、探测器伪影及滤线栅切割影。

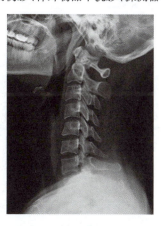
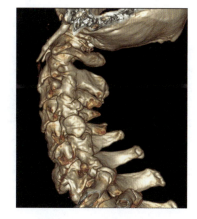

图18-3　颈椎侧位DR图像	图18-4　颈椎侧位VR图

小贴士：

1. 为保持颈椎自然生理曲度，颈椎不可过度屈伸。
2. 肩部尽量下垂，必要时可手提重物。
3. 颈部严重外伤进行摄影时，可选取仰卧水平侧位。

19 颈椎斜位

技术要点

- **体位设计**：患者面向摄影架站立，然后身体向后旋转，使人体冠状面与平板探测器约呈45°；调整头部，使头颈部正中矢状面与平板探测器平行；肩部紧贴摄影架，双肩下垂，下颌抬高。
- **中心线**：向足侧倾斜10°～15°，对准第4颈椎入射。
- **摄影参数**：
  70～80kV，AEC（中间电离室），FDD：≥120cm，使用滤线栅。
  照射野与摄影部位匹配，满足显示范围要求但不包含过多不必要组织。
  小焦点；总滤过≥2.5mmAl当量，推荐使用附加复合滤过板。
- **呼吸方式**：平静呼吸下屏气曝光。
- **辐射剂量诊断参考水平**：入射空气比释动能为0.51mGy。

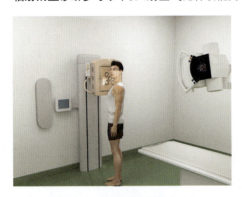

图 19-1　颈椎后前斜位（远）

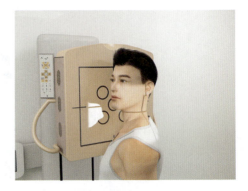

图 19-2　颈椎后前斜位（近）

质量要求

- 影像范围包括外耳孔上1cm至第1胸椎及颈部软组织；
- 第3至第5颈椎位于影像中心；
- 椎体呈斜位显示，椎间孔呈卵圆形，边缘锐利，以最大径线显示；
- 下颌骨与颈椎椎体无重叠；
- 椎弓根投影于椎体中心；
- 椎间隙及椎间关节清晰可见、边缘锐利；
- 椎体骨皮质、骨小梁结构清晰可见，周围软组织层次可见；
- 无运动伪影、体外物品干扰影、探测器伪影及滤线栅切割影。

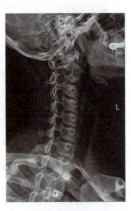

图 19-3　颈椎后前斜位 DR 图像

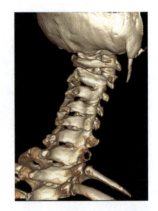

图 19-4　颈椎后前斜位 VR 图

小贴士：

1. 左前斜位显示左侧椎间孔，右前斜位显示右侧椎间孔；左后斜位显示右侧椎间孔，右后斜位显示左侧椎间孔。

2. 建议采用后前方向摄影，即左前斜位和右前斜位，更利于甲状腺的辐射防护。

20　颈椎过屈侧位

技
术
要
点

- **体位设计**：患者侧立于摄影架前，双下肢均匀负重；人体正中矢状面与平板探测器平行；肩部紧贴摄影架，双肩下垂；身体保持直立状态下，下颌内收，尽量贴近胸部，直至承受的最大限度。
- **中心线**：对准第4颈椎，垂直入射。
- **摄影参数**：
  70～80kV，AEC（中间电离室），FDD：≥120cm，使用滤线栅。
  照射野与摄影部位匹配，满足显示范围要求但不包含过多不必要组织。
  小焦点；总滤过≥2.5mmAl当量，推荐使用附加复合滤过板。
- **呼吸方式**：平静呼吸下屏气曝光。
- **辐射剂量诊断参考水平**：入射空气比释动能为0.51mGy。

图 20-1　颈椎过屈侧位（远）

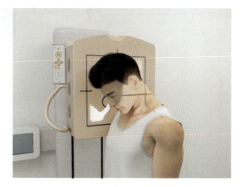

图 20-2　颈椎过屈侧位（近）

质
量
要
求

- 影像范围包括外耳孔上1cm至第1胸椎及颈部软组织；
- 第3至第5颈椎位于影像中心；
- 椎体呈侧位显示，椎体后缘重叠，无双边影；
- 椎间隙后部增宽、前部变窄，棘突充分分开；
- 椎体骨皮质、骨小梁结构清晰可见，周围软组织层次可见；
- 无运动伪影、体外物品干扰影、探测器伪影及滤线栅切割影。

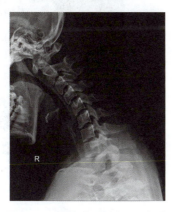

图 20-3　颈椎过屈侧位 DR 图像

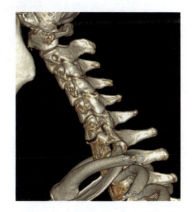

图 20-4　颈椎过屈侧位 VR 图

21　　　　　　　　　　　　　　颈椎过伸侧位

技术要点

- **体位设计**：患者侧立于摄影架前，双下肢均匀负重；人体正中矢状面与平板探测器平行；肩部紧贴摄影架，双肩下垂；身体保持直立状态下，下颌抬高，头部尽量后仰，保持身体稳定。
- **中心线**：对准第4颈椎，垂直入射。
- **摄影参数**：
  70～80kV，AEC（中间电离室），FDD：≥120cm，使用滤线栅。
  照射野与摄影部位匹配，满足显示范围要求但不包含过多不必要组织。
  小焦点；总滤过≥2.5mmAl当量，推荐使用附加复合滤过板。
- **呼吸方式**：平静呼吸下屏气曝光。
- **辐射剂量诊断参考水平**：入射空气比释动能为0.51mGy。

图21-1　颈椎过伸侧位（远）

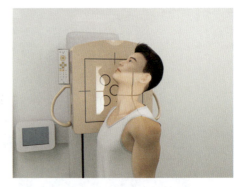
图21-2　颈椎过伸侧位（近）

质量要求

- 影像范围包括外耳孔上1cm至第1胸椎及颈部软组织；
- 第3至第5颈椎位于影像中心；
- 椎体呈侧位显示，椎体后缘重叠，无双边影；
- 椎间隙前部增宽、后部变窄，棘突紧密靠近；
- 椎体骨皮质、骨小梁结构清晰可见，周围软组织层次可见；
- 无运动伪影、体外物品干扰影、探测器伪影及滤线栅切割影。

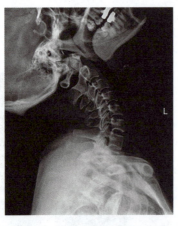
图21-3　颈椎过伸侧位DR图像

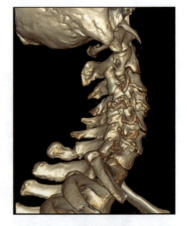
图21-4　颈椎过伸侧位VR图

小贴士：
1. 颈部做过屈和过伸运动时，避免躯干部随着颈部动作而前伸或后仰。
2. 有些受检者做颈部屈伸动作时会出现头晕等症状，故操作时动作要轻柔，并注意患者安全。

22

胸椎前后正位

技术要点

- **体位设计**：患者仰卧于摄影床上，人体正中矢状面与平板探测器垂直，并与其纵轴中线重合；双臂置于身体两侧，双下肢伸直。
- **中心线**：对准第7胸椎，垂直入射。
- **摄影参数**：

  70～80kV，AEC（中间电离室），FDD：≥110cm，使用滤线栅。

  照射野与摄影部位匹配，满足显示范围要求但不包含过多不必要组织。

  大焦点；总滤过≥2.5mmAl当量，推荐使用附加复合滤过板。
- **呼吸方式**：平静呼吸下屏气曝光。
- **辐射剂量典型值**：入射空气比释动能为2mGy。

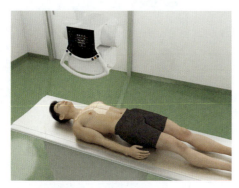

图22-1　胸椎前后正位（远）

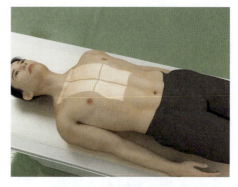

图22-2　胸椎前后正位（近）

质量要求

- 影像范围包括第7颈椎至第1腰椎及胸背部软组织；
- 胸椎椎体和棘突位于影像纵轴中线，两侧横突、椎弓根对称显示；
- 椎体边缘、椎弓根、肋椎关节、棘突和横突清晰可见；
- 椎体骨皮质、骨小梁结构清晰可见，周围软组织层次可见；
- 无运动伪影、体外物品干扰影、探测器伪影及滤线栅切割影。

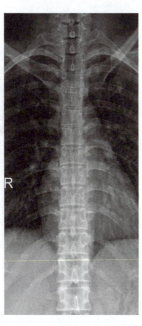

图22-3　胸椎前后正位DR图像

图22-4　胸椎前后正位VR图

23 　　　　　　　　　　　　　　　胸椎侧位

技术要点

- **体位设计**：患者侧卧于摄影床上，人体正中矢状面与平板探测器平行；双臂上举置于头顶，双下肢并拢且屈曲，保持身体稳定；肩部及骨盆无旋转。
- **中心线**：对准第7胸椎，垂直入射。
- **摄影参数**：
  75～85kV，AEC（中间电离室），FDD：≥110cm，使用滤线栅。
  照射野与摄影部位匹配，满足显示范围要求但不包含过多不必要组织。
  大焦点；总滤过≥2.5mmAl当量，推荐使用附加复合滤过板。
- **呼吸方式**：平静呼吸下或者深吸气末屏气曝光。
- **辐射剂量典型值**：入射空气比释动能为4mGy。

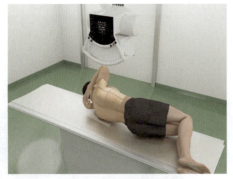

图23-1　胸椎侧位（远）

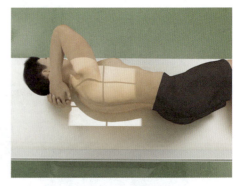

图23-2　胸椎侧位（近）

质量要求

- 影像范围包括第7颈椎至第1腰椎及胸背部软组织；
- 胸椎椎体以自然生理曲度显示于影像纵轴中线；
- 第3至第12椎体呈侧位显示，椎体后缘重叠，无双边影；
- 胸椎与肱骨无重叠；
- 椎体边缘、椎弓根、椎间关节、棘突清晰可见；
- 椎体骨皮质、骨小梁结构清晰可见，周围软组织层次可见；
- 无运动伪影、体外物品干扰影、探测器伪影及滤线栅切割影。

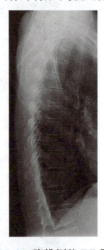

图23-3　胸椎侧位DR图像

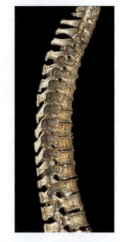

图23-4　胸椎侧位VR图

小贴士：

1. 腰部垫棉垫有助于维持身体稳定，膝关节处垫棉垫有助于防止骨盆旋转。
2. 如果胸椎正位影像显示脊柱有侧弯，在侧位摄影时，胸椎凸面贴近摄影床。
3. 从受检者背侧见上部胸椎棘突走向与影像探测器平面成角较大时，中心线可向头侧倾斜5°～10°。

24 胸腰段正位

- **体位设计**：患者仰卧于摄影床上，人体正中矢状面与平板探测器垂直，并与其纵轴中线重合；双臂上举置于头顶或置于身体两侧，双下肢伸直。
- **中心线**：对准胸12与腰1椎间盘，垂直入射。
- **摄影参数**：
  70～80kV，AEC（中间电离室），FDD：≥110cm，使用滤线栅。
  照射野与摄影部位匹配，满足显示范围要求但不包含过多不必要组织。
  大焦点；总滤过≥2.5mmAl当量，推荐使用附加复合滤过板。
- **呼吸方式**：平静呼吸下屏气曝光。
- **辐射剂量典型值**：入射空气比释动能为2.5mGy。

图24-1 胸腰段正位（远）

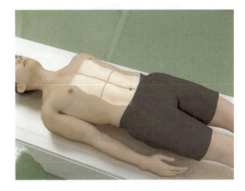

图24-2 胸腰段正位（近）

- 影像范围包括第10胸椎至第3腰椎及胸腰部软组织；
- 椎体和棘突位于影像纵轴中线，两侧横突、椎弓根对称显示；
- 第1腰椎椎体各边缘呈切线状显示，无双边影，椎间隙显示；
- 椎体边缘、椎弓根、椎间关节、棘突和横突清晰可见；
- 骨皮质、骨小梁结构清晰可见，周围软组织层次可见；
- 无运动伪影、体外物品干扰影、探测器伪影及滤线栅切割影。

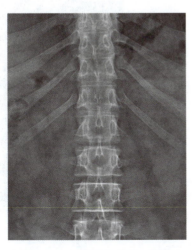

图24-3 胸腰段正位DR图像

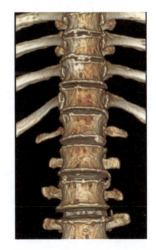

图24-4 胸腰段正位VR图

小贴士：屏气曝光可以避免呼吸运动影响横突显示效果。

25　胸腰段侧位

技术要点

- **体位设计**：患者侧卧于摄影床上，人体正中矢状面与平板探测器平行；双臂上举置于头顶，双下肢并拢且屈曲，保持身体稳定；支撑腰部，使椎体序列保持水平；肩部及骨盆无旋转。
- **中心线**：对准胸12与腰1椎间盘，垂直入射。
- **摄影参数**：

  75～90kV，AEC（中间电离室）；FDD：≥110cm，使用滤线栅。

  照射野与摄影部位匹配，满足显示范围要求但不包含过多不必要组织。

  大焦点；总滤过≥2.5mmAl当量，推荐使用附加复合滤过板。
- **呼吸方式**：平静呼吸下屏气曝光。
- **辐射剂量典型值**：入射空气比释动能为4mGy

图25-1　胸腰段远侧（远）

图25-2　胸腰段侧位（近）

质量要求

- 影像范围包括第10胸椎至第3腰椎及胸腰部软组织；
- 椎体以自然生理曲度位于影像纵轴中线；
- 椎体呈侧位显示，椎体后缘重叠，无双边影；
- 椎体边缘、椎弓根、椎间关节、棘突清晰可见；
- 椎体骨皮质、骨小梁结构清晰可见，周围软组织层次可见；
- 无运动伪影、体外物品干扰影、探测器伪影及滤线栅切割影。

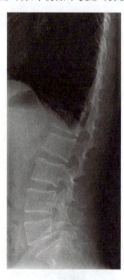

图25-3　胸腰段侧位DR图

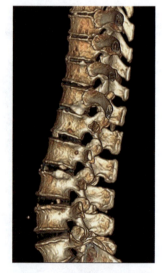

图25-4　胸腰段侧位VR图

小贴士：

1. 成人胸腰段椎体骨折大约有60%～70%发生在第10胸椎至第2腰椎，胸腰段也是脊柱结核的好发部位。
2. 摄影前询问病史，有利于避免因体位设计而造成的二次损伤。

26 腰椎前后正位

技术要点

- **体位设计**：患者仰卧于摄影床上，人体正中矢状面与平板探测器垂直，并与其纵轴中线重合；双臂上举置于头顶或置于身体两侧，双髋关节和膝关节屈曲，双足踏于床面。
- **中心线**：对准第3腰椎，垂直入射。
- **摄影参数**：
  70～80kV，AEC（中间电离室），FDD：≥110cm，使用滤线栅。
  照射野与摄影部位匹配，满足显示范围要求但不包含过多不必要组织。
  大焦点；总滤过≥2.5mmAl当量，推荐使用附加复合滤过板。
- **呼吸方式**：平静呼吸下或呼气末屏气曝光。
- **辐射剂量诊断参考水平**：入射空气比释动能为2.97mGy。

图26-1　腰椎前后正位（远）

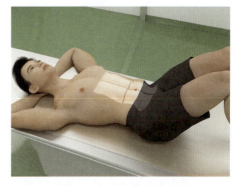

图26-2　腰椎前后正位（近）

质量要求

- 影像范围包括第12胸椎至第1骶椎及两侧腰大肌；
- 腰椎椎体和棘突位于影像纵轴中线，两侧横突、椎弓根对称显示；
- 第3腰椎椎体各边缘呈切线状显示，无双边影，椎间隙显示；
- 椎体边缘、椎弓根、椎间关节、棘突和横突清晰可见；
- 椎体骨皮质、骨小梁结构清晰可见，腰大肌外侧缘可见；
- 无运动伪影、体外物品干扰影、探测器伪影及滤线栅切割影。

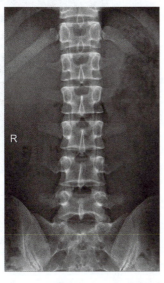

图26-3　腰椎前后正位DR图像

图26-4　腰椎前后正位VR图

小贴士：双髋及膝关节屈曲可以使腰部紧贴床面，减小腰椎前凸度。

27 腰椎侧位

技术要点

- **体位设计**：患者侧卧于摄影床上，人体正中矢状面与平板探测器平行；双臂上举置于头顶，双下肢并拢且屈曲，保持身体稳定；支撑腰部，使椎体序列保持水平；肩部及骨盆无旋转。
- **中心线**：对准第3腰椎，垂直入射。
- **摄影参数**：
  75～85kV，AEC（中间电离室），FDD：≥110cm，使用滤线栅。
  照射野与摄影部位匹配，满足显示范围要求但不包含过多不必要组织。
  大焦点；总滤过≥2.5mmAl当量，推荐使用附加复合滤过板。
- **呼吸方式**：平静呼吸下或呼气末屏气曝光。
- **辐射剂量诊断参考水平**：入射空气比释动能为8.39mGy。

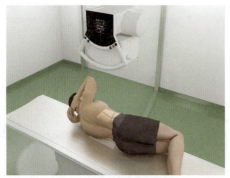

图27-1 腰椎侧位（远）

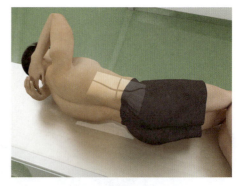

图27-2 腰椎侧位（近）

质量要求

- 影像范围包括第12胸椎至第1骶椎及腰背部软组织；
- 腰椎椎体以自然生理曲度显示于影像纵轴中线；
- 椎体呈侧位显示，椎体后缘重叠，无双边影；
- 椎体边缘、椎弓根、椎间关节、棘突清晰可见；
- 椎体骨皮质、骨小梁结构清晰可见；
- 腰骶关节可见，腰背部软组织层次可见；
- 无运动伪影、体外物品干扰影、探测器伪影及滤线栅切割影。

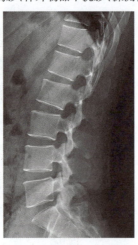

图27-3 腰椎侧位DR图像

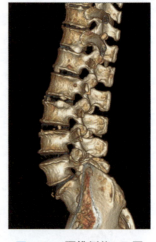

图27-4 腰椎侧位VR图

小贴士：

1. 一般男性患者摄影时，中心线不需要倾斜角度，但对于骨盆较宽，胸部较窄的患者摄影时，可以采用同部分女性患者一样的摄影方法：中心线向足侧倾斜5°～8°。

2. 腰椎前后位影像显示有脊柱侧弯时，腰椎凸面贴近摄影床。

28 　腰椎斜位

技术要点

- **体位设计**：患者侧卧于摄影床上，然后身体向后倾斜，使人体冠状面与平板探测器约呈45°；腰椎长轴与平板探测器纵轴中线重合；双臂上举置于头顶，近台侧下肢髋关节和膝关节屈曲，远台侧下肢伸直，保持身体稳定。
- **中心线**：对准第3腰椎，垂直入射。
- **摄影参数**：
  75～85kV，AEC（中间电离室），FDD：≥110cm，使用滤线栅。
  照射野与摄影部位匹配，满足显示范围要求但不包含过多不必要组织。
  大焦点；总滤过≥2.5mmAl当量，推荐使用附加复合滤过板。
- **呼吸方式**：平静呼吸下或呼气末屏气曝光。
- **辐射剂量诊断参考水平**：入射空气比释动能为2.97mGy。

图 28-1　腰椎斜位（远）

图 28-2　腰椎斜位（近）

质量要求

- 影像范围包括第12胸椎至第1骶椎及腰背部软组织；
- 腰椎椎体呈斜位显示于影像纵轴中线；
- 椎弓根投影于椎体中心处；
- 椎间隙及椎间关节清晰可见、边缘锐利；
- 椎体骨皮质、骨小梁结构清晰可见，周围软组织层次可见；
- 无运动伪影、体外物品干扰影、探测器伪影及滤线栅切割影。

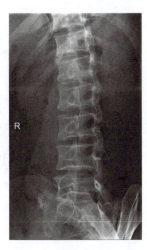

图 28-3　腰椎斜位 DR 图像

图 28-4　腰椎斜位 VR 图

小贴士：被检者后倾身体不稳时，可用棉垫或沙袋支撑。常规摄取左后斜位和右后斜位，双侧对比观察。注意左、右标记准确。

29　腰椎过屈侧位

技术要点

- **体位设计**：患者侧卧于摄影床上，人体正中矢状面与平板探测器平行；以骨盆作为支点，腰部极度屈曲；双下肢并拢且抬高，深度屈膝，双手抱膝，保持身体稳定。
- **中心线**：对准第3腰椎，垂直入射。
- **摄影参数**：
  75～85kV，AEC（中间电离室），FDD：≥110cm，使用滤线栅。
  照射野与摄影部位匹配，满足显示范围要求但不包含过多不必要组织。
  大焦点；总滤过≥2.5mmAl当量，推荐使用附加复合滤过板。
- **呼吸方式**：平静呼吸下屏气曝光。
- **辐射剂量诊断参考水平**：入射空气比释动能为8.39mGy。

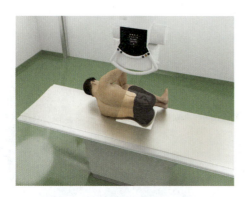

图29-1　腰椎过屈侧位（远）

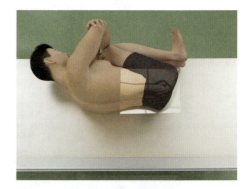

图29-2　腰椎过屈侧位（近）

质量要求

- 影像范围包括第12胸椎至第1骶椎及腰背部软组织；
- 腰椎呈过屈位显示于影像纵轴中线；
- 椎间隙后部增宽、前部变窄，棘突呈发散状显示；
- 椎体后缘重叠，无双边影；
- 椎间关节、腰骶关节可见；
- 椎体骨皮质、骨小梁结构清晰可见，周围软组织层次可见；
- 无运动伪影、体外物品干扰影、探测器伪影及滤线栅切割影。

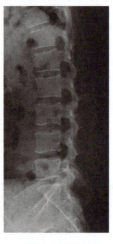

图29-3　腰椎过屈侧位DR图像

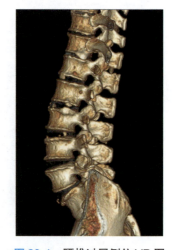

图29-4　腰椎过屈侧位VR图

　　小贴士：过屈侧位是腰椎呈极度屈曲，应避免以髋部为轴屈曲、腰椎挺直的"鞠躬"状态，技师可扶住受检者髋部协助其腰部动作。

30 腰椎过伸侧位

- **体位设计**：患者侧卧于摄影床上，人体正中矢状面与平板探测器平行；以骨盆作为支点，腰部极度伸展；双臂上举置于头顶，双下肢并拢且后伸，膝关节屈曲，保持身体稳定。
- **中心线**：对准第3腰椎，垂直入射。
- **摄影参数**：
  75～85kV，AEC（中间电离室），FDD：≥110cm，使用滤线栅。
  照射野与摄影部位匹配，满足显示范围要求但不包含过多不必要组织。
  大焦点；总滤过≥2.5mmAl当量，推荐使用附加复合滤过板。
- **呼吸方式**：平静呼吸下屏气曝光。
- **辐射剂量诊断参考水平**：入射空气比释动能为8.39mGy。

图30-1 腰椎过伸侧位（远）　　图30-2 腰椎过伸侧位（近）

质量要求

- 影像范围包括第12胸椎至第1骶椎及腰背部软组织；
- 腰椎呈过伸位显示于影像纵轴中线；
- 椎间隙前部增宽、后部变窄，棘突呈聚集状；
- 椎体后缘重叠，无双边影；
- 椎间关节、腰骶关节可见；
- 椎体骨皮质、骨小梁结构清晰可见，周围软组织层次可见；
- 无运动伪影、体外物品干扰影、探测器伪影及滤线栅切割影。

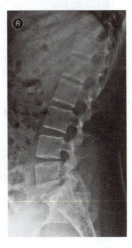

图30-3 腰椎过伸侧位DR图像

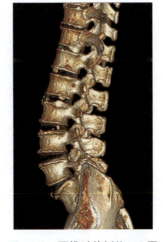

图30-4 腰椎过伸侧位VR图

小贴士：腰椎过屈、过伸侧位影像适用于发现腰椎失稳和功能性改变，还可以评价脊柱融合部位的活动度。

31

骶骨正位

技术要点

- **体位设计**：患者仰卧于摄影床上，人体正中矢状面与平板探测器垂直，并与其纵轴中线重合；双臂置于身体两侧，双下肢伸直，双足尖并拢。
- **中心线**：向头侧倾斜15°～20°，对准耻骨联合上方3cm处入射。
- **摄影参数**：

  70～80kV，AEC（中间电离室），FDD：≥110cm，使用滤线栅。

  照射野与摄影部位匹配，满足显示范围要求但不包含过多不必要组织。

  大焦点；总滤过≥2.5mmAl当量，推荐使用附加复合滤过板。
- **呼吸方式**：平静呼吸下屏气曝光。
- **辐射剂量典型值**：入射空气比释动能为2mGy。

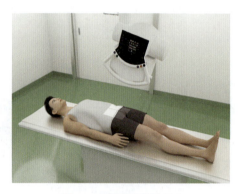
图31-1　骶骨正位（远）

图31-2　骶骨正位（近）

质量要求

- 影像范围包括第5腰椎至尾骨、骶髂关节及周围软组织；
- 骶正中嵴位于影像纵轴中线，椎孔及骶髂关节左、右对称显示；
- 耻骨联合部与骶椎无重叠，无肠道内容物干扰；
- 骶骨骨皮质、骨小梁结构清晰可见，周围软组织层次可见；
- 无运动伪影、体外物品干扰影、探测器伪影及滤线栅切割影。

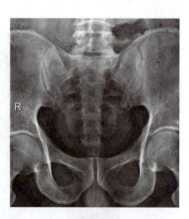
图31-3　骶骨正位DR图像

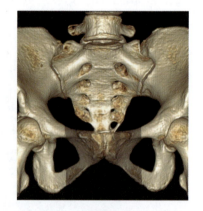
图31-4　骶骨正位VR图

小贴士：

1. 观察骶、尾部骨病时，应注意盆腔肠道的清洁。

2. 中心线倾斜角度大小与骶骨向后倾斜的角度有关，骶骨向后倾角大，中心线倾角相应加大。中心线倾斜以垂直骶骨长轴与探测器平面夹角的角平分线为宜。

32

<table>
<tr><td colspan="2" align="center">骶骨侧位</td></tr>
<tr>
<td rowspan="1">技术要点</td>
<td>

- **体位设计**：患者侧卧于摄影床上，人体正中矢状面与平板探测器平行；双臂置于胸前，双下肢并拢且屈曲，保持身体稳定；支撑腰部，使骶骨椎体序列保持水平；骨盆无旋转。
- **中心线**：对准髂前上棘后方8～10cm处，垂直入射。
- **摄影参数**：

  80～90kV，AEC（中间电离室），FDD：≥110cm，使用滤线栅。

  照射野与摄影部位匹配，满足显示范围要求但不包含过多不必要组织。

  大焦点；总滤过≥2.5mmAl当量，推荐使用附加复合滤过板。
- **呼吸方式**：平静呼吸下屏气曝光。
- **辐射剂量典型值**：入射空气比释动能为3mGy。

</td>
</tr>
</table>

图32-1　骶骨侧位（远）

图32-2　骶骨侧位（近）

质量要求

- 影像范围包括第5腰椎至骶尾关节及周围软组织；
- 骶骨位于影像正中；
- 坐骨结节重叠，骶椎两侧无名线重叠为单一致密线；
- 腰骶关节及骶尾关节间隙清晰可见；
- 骶椎骨皮质、骨小梁结构清晰可见，周围软组织层次可见；
- 无运动伪影、体外物品干扰影、探测器伪影及滤线栅切割影。

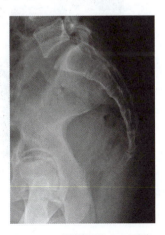

图32-3　骶骨侧位DR图像

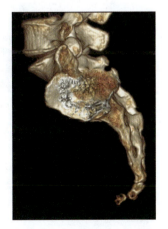

图32-4　骶骨侧位VR图

小贴士：髂前上棘后方8～10cm处与第1或第2骶椎位于同一水平。

33 尾骨正位

技术要点

- **体位设计**：患者仰卧于摄影床上，人体正中矢状面与平板探测器垂直，并与其纵轴中线重合；双臂置于身体两侧，双下肢伸直，双足尖并拢。
- **中心线**：向足侧倾斜10°，对准耻骨联合上方3cm处入射。
- **摄影参数**：
  70～80kV，AEC（中间电离室），FDD：≥110cm，使用滤线栅。
  照射野与摄影部位匹配，满足显示范围要求但不包含过多不必要组织。
  大焦点；总滤过≥2.5mmAl当量，推荐使用附加复合滤过板。
- **呼吸方式**：平静呼吸下屏气曝光。
- **辐射剂量典型值**：入射空气比释动能为2mGy。

图33-1　尾骨正位（远）

图33-2　尾骨正位（近）

质量要求

- 影像范围包括骶尾关节至尾椎末段及周围软组织；
- 尾骨位于影像正中，尾骨至骨盆两侧缘距离相等；
- 尾骨与耻骨联合无重叠，无肠道内容物干扰；
- 尾骨骨皮质、骨小梁结构清晰可见，周围软组织层次可见；
- 无运动伪影、体外物品干扰影、探测器伪影及滤线栅切割影。

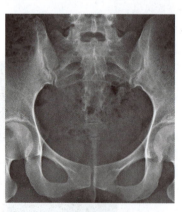

图33-3　尾骨正位DR图像

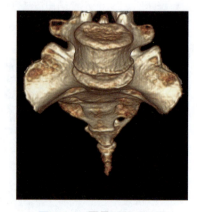

图33-4　尾骨正位VR图

小贴士：

1. 对于骶椎或尾椎外伤部位不明确的患者，可以直接进行骶尾椎正位联合摄影，以减少曝光次数。骶尾椎正位的体位设计同上描述，中心线：对准耻骨联合上方3cm处，垂直入射，不再向足侧倾斜角度。

2. 骶尾椎外伤导致仰卧位困难时，也可采取俯卧位。重点观察骶骨时，中心线向头侧倾斜15°通过骶曲处入射；重点观察尾骨时中心线向足侧倾斜10°通过尾骨入射。

34 尾骨侧位

技术要点

- **体位设计**：患者侧卧于摄影床上，人体正中矢状面与平板探测器平行；双臂置于胸前，双下肢并拢且屈曲，保持身体稳定；支撑腰部，使骶骨椎体序列保持水平；骨盆无旋转。
- **中心线**：对准尾骨中心，垂直入射。
- **摄影参数**：
  80～90kV，50～60mAs，FDD：≥110cm，使用滤线栅。
  照射野与摄影部位匹配，满足显示范围要求但不包含过多不必要组织。
  大焦点；总滤过≥2.5mmAl当量，推荐使用附加复合滤过板。
- **呼吸方式**：平静呼吸下屏气曝光。
- **辐射剂量典型值**：入射空气比释动能为2.6mGy。

图34-1 尾骨侧位（远）

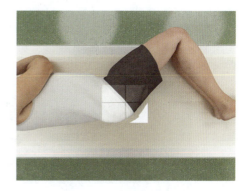
图34-2 尾骨侧位（近）

质量要求

- 影像范围包括骶尾关节至尾椎末段及周围软组织；
- 尾骨位于影像正中；
- 坐骨结节重叠，骶尾关节间隙清晰可见，尾椎各节易于分辨；
- 尾骨骨皮质、骨小梁结构清晰可见，周围软组织层次可见；
- 无运动伪影、体外物品干扰影、探测器伪影及滤线栅切割影。

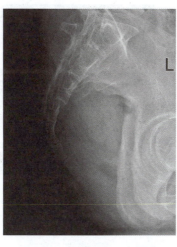
图34-3 尾骨侧位DR图像

图34-4 尾骨侧位VR图

小贴士：尾骨中心体表定位，即髂前上棘后方8～10cm，再向下5cm处。

第四节　骨　盆

35 骨盆正位

技术要点

- **体位设计**：患者仰卧于摄影床上，人体正中矢状面与平板探测器垂直，并与其纵轴中线重合；双下肢伸直并内旋15°~20°，双足尖并拢；骨盆无旋转，双侧髂前上棘至床面距离相等。
- **中心线**：对准耻骨联合上缘至双髂前上棘连线的垂线中点，垂直入射。
- **摄影参数**：
  70~80kV，AEC（双上或中间电离室），FDD：≥110cm，使用滤线栅。
  照射野与摄影部位匹配，满足显示范围要求但不包含过多不必要组织。
  大焦点；总滤过≥2.5mmAl当量，推荐使用附加复合滤过板。
- **呼吸方式**：平静呼吸下屏气曝光。
- **辐射剂量诊断参考水平**：入射空气比释动能为1.86mGy。

图35-1　骨盆正位（远）

图35-2　骨盆正位（近）

质量要求

- 影像范围包括两侧髂骨翼至股骨小转子及周围软组织；
- 骨盆位于影像正中，两侧髂骨、耻骨及坐骨结构对称显示；
- 两侧闭孔大小相同，耻骨与骶骨无重叠；
- 两侧小转子不显示或少许显示；
- 两侧髋臼、股骨头及股骨颈清晰可见；
- 骨盆与股骨骨皮质、骨小梁清晰可见，周围软组织层次可见；
- 无运动伪影、体外物品干扰影、探测器伪影及滤线栅切割影。

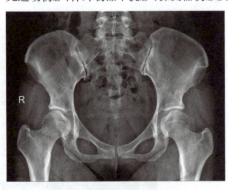

图35-3　骨盆前后DR图像

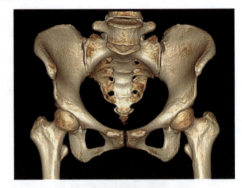

图35-4　骨盆前后位VR图

小贴士：

1. 此项检查可初步观察各关节、韧带及骨质情况，对于骨盆外伤患者建议在骨盆正位基础上加照骨盆入口、出口位进一步明确诊断。

2. 对髋关节撞击综合征选择负重骨盆正位摄影，可明确与髋臼位置关系。

3. 耻骨联合至两侧髂前上棘连线的垂线中点，大约相当于两侧髂前上棘连线中点下方5cm处。

36

骨盆出口位

技术要点

- **体位设计**：患者仰卧于摄影床上，人体正中矢状面与平板探测器垂直，并与其纵轴中线重合；双下肢伸直并内旋15°～20°，双足尖并拢；骨盆无旋转，双侧髂前上棘至床面距离相等。
- **中心线**：向头侧倾斜20°～35°（男性）；30°～45°（女性），对准耻骨联合入射。
- **摄影参数**：

  70～80kV，AEC（双上电离室），FDD：≥110cm，使用滤线栅。

  照射野与摄影部位匹配，满足显示范围要求但不包含过多不必要组织。

  大焦点；总滤过≥2.5mmAl当量，推荐使用附加复合滤过板。
- **呼吸方式**：平静呼吸下屏气曝光。
- **辐射剂量诊断参考水平**：入射空气比释动能为1.86mGy。

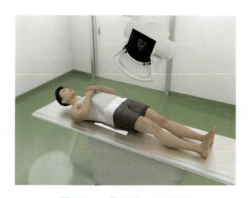

图36-1　骨盆出口位（远）

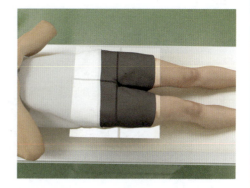

图36-2　骨盆出口位（近）

质量要求

- 影像范围包括骨盆和股骨近端及周围软组织；
- 骨盆位于影像正中，两侧髂骨、耻骨及坐骨棘对称显示；
- 两侧闭孔大小相等；
- 耻骨体和坐骨上支清晰可见；
- 耻骨、坐骨骨皮质、骨小梁结构清晰可见，周围软组织层次可见；
- 无运动伪影、体外物品干扰影、探测器伪影及滤线栅切割影。

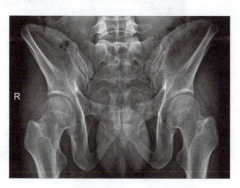

图36-3　骨盆出口位DR图像

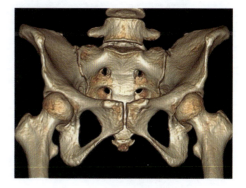

图36-4　骨盆出口位VR图

小贴士：此项检查可观察骨盆在矢状位的旋转，对前环的骨盆移位较为明确，但不能看到后环移位。由于投照角度为向头侧倾斜，故骶骨呈正位显示，对骨盆外伤患者可进一步明确骶骨、坐骨损伤。

37 骨盆入口位

技术要点

- **体位设计**：患者仰卧于摄影床上，人体正中矢状面与平板探测器垂直，并与其纵轴中线重合；双下肢伸直并内旋15°～20°，双足尖并拢；骨盆无旋转，两侧髂前上棘至床面距离相等。
- **中心线**：向足侧倾斜40°，对准双髂前上棘连线的中点入射。
- **摄影参数**：

  70～80kV，AEC（双上电离室），FDD：≥110cm，使用滤线栅。

  照射野与摄影部位匹配，满足显示范围要求但不包含过多不必要组织。

  大焦点；总滤过≥2.5mmAl当量，推荐使用附加复合滤过板。
- **呼吸方式**：平静呼吸下屏气曝光。
- **辐射剂量诊断参考水平**：入射空气比释动能为1.86mGy。

图37-1 骨盆入口位（远）

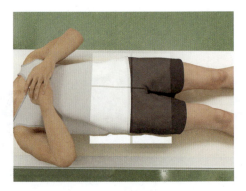

图37-2 骨盆入口位（近）

质量要求

- 影像范围包括骨盆、股骨近端及周围软组织；
- 骨盆位于影像正中，两侧髂骨、耻骨及坐骨棘对称显示；
- 坐骨棘清晰可见，大小和形状相等；
- 耻骨、坐骨骨皮质、骨小梁结构清晰可见，周围软组织层次可见；
- 无运动伪影、体外物品干扰影、探测器伪影及滤线栅切割影。

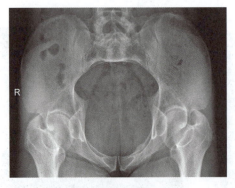

图37-3 骨盆入口DR图像

图37-4 骨盆入口位VR图

小贴士：此项检查用于观察骨盆前后移位，优于其他摄影体位，骨盆环最大移位一般在入口位最为明显，可观察前后挤压造成的髂骨外旋及剪式损伤。结合正位与出口位在多方向明确损伤，根据骨盆各骨位移情况，预估韧带损伤，辅助临床进行手术方案评估。

38 髂骨正位

技术要点

- **体位设计**：患者侧卧于摄影床上，然后身体向后倾斜，使人体冠状面与平板探测器约呈 45°；患侧紧贴床面，下肢略屈曲；健侧抬高，膝关节屈曲，足踏于床面，保持身体稳定。
- **中心线**：对准髂前上棘向下、向内各 5cm 处，垂直入射。
- **摄影参数**：
  70～80kV，AEC（中间电离室），FDD：≥110cm，使用滤线栅。
  照射野与摄影部位匹配，满足显示范围要求但不包含过多不必要组织。
  大焦点；总滤过≥2.5mmAl 当量，推荐使用附加复合滤过板。
- **呼吸方式**：平静呼吸下屏气曝光。
- **辐射剂量典型值**：入射空气比释动能为 1.5mGy。

图 38-1 髂骨正位（远）   图 38-2 髂骨正位（近）

质量要求

- 影像范围包括髂骨上缘至股骨近端及周围软组织；
- 髂骨位于影像正中；
- 坐骨呈切线位显示，闭孔不显示；
- 髋臼与股骨头之间关节间隙可见；
- 髂骨骨皮质、骨小梁结构清晰可见，周围软组织层次可见；
- 无运动伪影、体外物品干扰影、探测器伪影及滤线栅切割影。

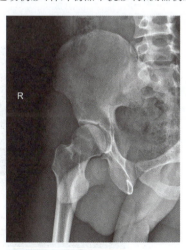 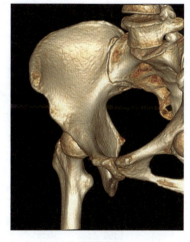

图 38-3 髂骨正位 DR 图像   图 38-4 髂骨正位 VR 图

小贴士：

1. 此项检查主要观察髋臼前缘、髂骨的后柱、髂坐线及髂骨翼损伤，用于评估髋臼部骨折与髋关节脱位情况，进而对周围韧带进行大体评估。

2. 受检者肢体无法稳定摄影体位时，可用棉垫垫高健侧肢体。

39　髂骨侧位

技术要点

- **体位设计**：患者侧卧于摄影床上，然后身体向后倾斜，使人体冠状面与平板探测器约呈45°；健侧紧贴床面，髋关节和膝关节屈曲；患侧抬高，下肢伸直，保持身体稳定。
- **中心线**：对准髂前上棘内侧2.5cm处，垂直入射。
- **摄影参数**：
  70～80kV，AEC（中间电离室），FDD：≥110cm，使用滤线栅。
  照射野与摄影部位匹配，满足显示范围要求但不包含过多不必要组织。
  大焦点；总滤过≥2.5mmAl当量，推荐使用附加复合滤过板。
- **呼吸方式**：平静呼吸下屏气曝光。
- **辐射剂量典型值**：入射空气比释动能为1.5mGy。

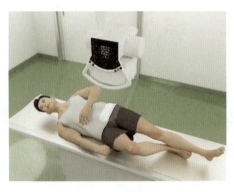

图39-1　髂骨侧位（远）

图39-2　髂骨侧位（近）

质量要求

- 影像范围包括髂骨上缘至股骨近端及周围软组织；
- 髂骨位于影像正中；
- 髂骨呈侧位显示，闭孔无重叠；
- 髂骨骨皮质、骨小梁结构清晰可见，周围软组织层次可见；
- 无运动伪影、体外物品干扰影、探测器伪影及滤线栅切割影。

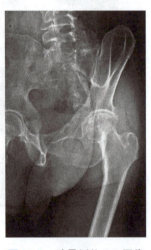

图39-3　髂骨侧位DR图像

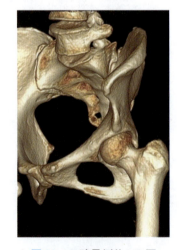

图39-4　髂骨侧位VR图

小贴士：此项检查主要观察骨盆入口缘、髋臼的后缘、髂耻线、闭孔及髂骨翼的损伤，用于评估髋臼部骨折与髋关节脱位情况，进而对周围韧带进行大体评估，髂骨侧位还可观察髂骨的前后移位情况。

40 骶髂关节正位

技术要点

- **体位设计**：患者仰卧于摄影床上，人体正中矢状面与平板探测器垂直，并与其纵轴中线重合；双下肢伸直，双足尖并拢；骨盆无旋转，双侧髂前上棘至床面距离相等。
- **中心线**：向头侧倾斜30°～35°，对准双侧髂前上棘连线中点下5cm处入射。
- **摄影参数**：
  70～80kV，AEC（中间电离室），FDD：≥110cm，使用滤线栅。
  照射野与摄影部位匹配，满足显示范围要求但不包含过多不必要组织。
  大焦点；总滤过≥2.5mmAl当量，推荐使用附加复合滤过板。
- **呼吸方式**：平静呼吸下屏气曝光。
- **辐射剂量典型值**：入射空气比释动能为2mGy。

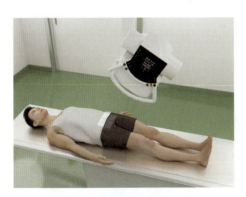

图40-1 骶髂关节正位（远）

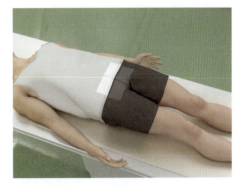

图40-2 骶髂关节正位（近）

质量要求

- 影像范围包括腰5至骶1关节、骶髂关节、全部骶骨及周围软组织；
- 骶正中嵴位于影像纵轴中线，椎孔及骶髂关节左、右对称显示；
- 骶骨、骶髂关节间隙清晰可见；
- 骨皮质、骨小梁结构清晰可见；
- 无运动伪影、体外物品干扰影、探测器伪影及滤线栅切割影。

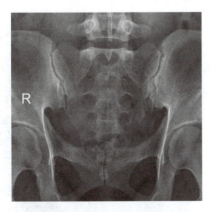

图40-3 骶髂关节正位DR图像

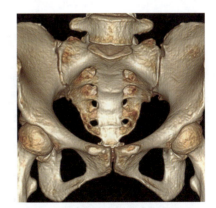

图40-4 骶髂关节正位VR图

小贴士：

1. 女性腰骶角比男性大，故中心线倾斜角度不同，通常男性为30°，女性为35°。中心线为向头侧倾斜，故也是骶髂关节耳状面长径的最佳显示体位。

2. 此项检查用于诊断骶髂关节外伤骨折、脱位及病理性的强直性脊柱炎、骶髂关节炎等疾病。

41 骶髂关节斜位

技术要点

- **体位设计：**患者侧卧于摄影床上，然后身体向后倾斜，使人体冠状面与平板探测器呈 25°～30°；健侧紧贴床面，髋关节和膝关节屈曲；患侧抬高，下肢伸直，保持身体稳定。
- **中心线：**对准髂前上棘内侧 2.5cm 处，垂直入射。
- **摄影参数：**
  70～80kV，AEC（中间电离室），FDD：≥110cm，使用滤线栅。
  照射野与摄影部位匹配，满足显示范围要求但不包含过多不必要组织。
  大焦点；总滤过≥2.5mmAl 当量，推荐使用附加复合滤过板。
- **呼吸方式：**平静呼吸下屏气曝光。
- **辐射剂量典型值：**入射空气比释动能为 1.5mGy。

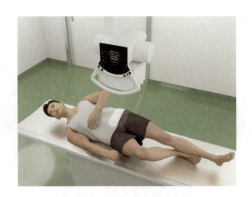 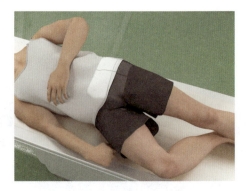

图 41-1　骶髂关节斜位（远）　　　图 41-2　骶髂关节斜位（近）

质量要求

- 影像范围包括髂骨上缘至耻骨联合及周围软组织；
- 骶髂关节位于影像正中；
- 骶髂关节与第 1 至第 2 骶椎呈斜位影像显示；
- 髂骨翼与骶骨没有重叠；
- 骨皮质、骨小梁结构清晰可见；
- 无运动伪影、体外物品干扰影、探测器伪影及滤线栅切割影。

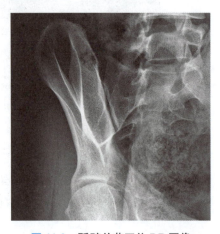 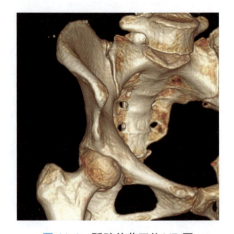

图 41-3　骶髂关节正位 DR 图像　　　图 41-4　骶髂关节正位 VR 图

　　小贴士：前后位摄影时，左侧抬高是右后斜位，显示的是左侧关节，右侧抬高是左后斜位，显示的是右侧关节，即显示的都是距离影像探测器相对较远的骶髂关节。

第五节　上　肢

42

<table>
<tr><td rowspan="2">技术要点</td><td colspan="2" style="text-align:center">肩关节前后位</td></tr>
<tr><td colspan="2">

- **体位设计**：患者背靠摄影架站立，人体正中矢状面与平板探测器垂直；上臂略外展，手掌旋后，使肱骨内、外上髁连线与平板探测器平行。
- **中心线**：对准喙突，垂直入射。
- **摄影参数**：
  60～70kV，AEC（中间电离室），FDD：≥110cm，使用滤线栅。
  照射野与摄影部位匹配，满足显示范围要求但不包含过多不必要组织。
  小焦点；总滤过≥2.5mmAl当量，推荐使用附加复合滤过板。
- **呼吸方式**：平静呼吸下屏气曝光。
- **辐射剂量诊断参考水平**：入射空气比释动能为0.51mGy。

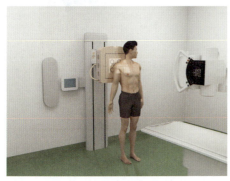 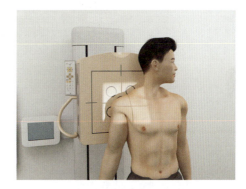

图 42-1　肩关节前后位（远）　　图 42-2　肩关节前后位（近）

</td></tr>
</table>

质量要求

- 影像范围包括肱骨近端、锁骨外 2/3、肩胛骨上半部及肩部软组织；
- 肱骨大结节在肱骨外上方，显示整个轮廓，小结节被肱骨头重叠；
- 骨皮质、骨小梁结构清晰可见，周围软组织层次可见；
- 无运动伪影、体外物品干扰影、探测器伪影及滤线栅切割影。

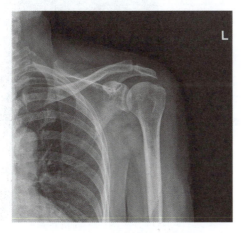 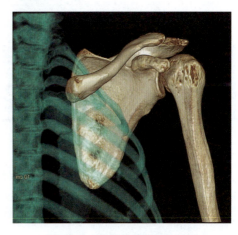

图 42-3　肩关节前后位 DR 图像　　图 42-4　肩关节前后位 VR 图

小贴士：
1. 喙突位于锁骨外侧段下方约 2cm 处。
2. 骨折或脱位患者进行肩关节前后位摄影时，上肢自然放于身体两侧，切勿旋转手臂。

43

肩关节穿胸位

技术要点

- **体位设计**：患者侧立于摄影架前，人体正中矢状面与平板探测器平行；患侧肩部尽量下垂并紧贴摄影架；健侧手臂置于头顶，肩部抬高。
- **中心线**：对准外科颈，垂直入射。
- **摄影参数**：
  65～75kV，AEC（中间电离室），FDD：≥110cm，使用滤线栅。
  照射野与摄影部位匹配，满足显示范围要求但不包含过多不必要组织。
  小焦点；总滤过≥2.5mmAl当量，推荐使用附加复合滤过板。
- **呼吸方式**：短小呼吸，浅呼吸下曝光。
- **辐射剂量典型值**：入射空气比释动能为0.8mGy。

图 43-1　肩关节穿胸位（远）

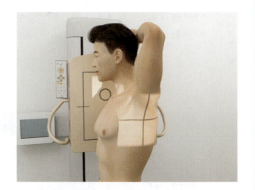

图 43-2　肩关节穿胸位（近）

质量要求

- 影像范围包括肱骨近端1/2、盂肱关节、部分胸椎及胸骨；
- 肱骨长轴与影像纵轴中线平行；
- 肱骨近端骨干轮廓清晰显示于胸椎前方，与对侧肩部无重叠；
- 肱骨骨皮质、骨小梁清晰可见；
- 无运动伪影、体外物品干扰影、探测器伪影及滤线栅切割影。

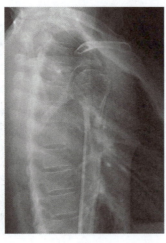

图 43-3　肩关节穿胸位 DR 图像

图 43-4　肩关节穿胸位 VR 图

小贴士：
1. 健侧轻度旋前，可以减少肱骨与胸椎的重叠。
2. 如果患者患侧肩部不能下垂，中心线可以向头侧倾斜10°～15°。

44　冈上肌出口位

技术要点

- **体位设计**：患者面向摄影架站立，然后身体向后旋转，使人体冠状面与平板探测器呈 45°～60°；患侧肩部自然下垂并紧贴摄影架，上臂略外展，不要旋转。
- **中心线**：向足侧倾斜 10°～15°，经肱骨头上缘入射。
- **摄影参数**：
  65～75kV，25～30mAs，FDD：≥110cm，使用滤线栅。
  照射野与摄影部位匹配，满足显示范围要求但不包含过多不必要组织。
  小焦点；总滤过≥2.5mmAl 当量，推荐使用附加复合滤过板。
- **呼吸方式**：平静呼吸下屏气曝光。
- **辐射剂量诊断参考水平**：入射空气比释动能为 0.53mGy。

图 44-1　冈上肌出口位（远）

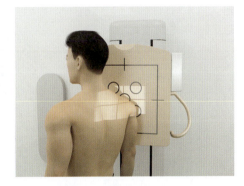

图 44-2　冈上肌出口位（近）

质量要求

- 影像范围包括肩胛骨体、肱骨上段、部分肋骨、部分锁骨及背侧软组织；
- 肩胛骨呈侧位显示于影像纵轴中线，肱骨外科颈位于影像正中；
- 肩峰、喙突和肩胛骨形成"Y"字，且几近对称，"Y"字交互点位于肱骨头正中；
- 冈上肌出口区开放，肩胛骨与肋骨无重叠；
- 肩胛骨骨皮质、骨小梁结构清晰可见，周围软组织层次可见；
- 无运动伪影、体外物品干扰影、探测器伪影及滤线栅切割影。

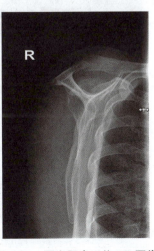

图 44-3　冈上肌出口位 DR 图像

图 44-4　冈上肌出口位 VR 图

小贴士：

1. 患侧上肢轻度外展，可避免肱骨近端与肋骨重叠，注意不要旋转上肢。

2. 冈上肌出口位专门用于肩峰的形态分型：一型为平坦型，二型为弧形，三型为钩形。显示肩峰下骨刺形成情况。

45 肩胛骨正位

技术要点

- **体位设计**：患者背靠摄影架站立，人体正中矢状面与平板探测器垂直；上臂外展至水平，屈肘90°，手心向前，保持身体稳定。
- **中心线**：对准肩胛骨中心，垂直入射。
- **摄影参数**：
  60～70kV，15～20mAs（推荐曝光时间＞3s），FDD：≥110cm，使用滤线栅。
  照射野与摄影部位匹配，满足显示范围要求但不包含过多不必要组织。
  小焦点；总滤过≥2.5mmAl当量，推荐使用附加复合滤过板。
- **呼吸方式**：轻柔呼吸下曝光。
- **辐射剂量诊断参考水平**：入射空气比释动能为0.51mGy。

图45-1　肩胛骨正位（远）

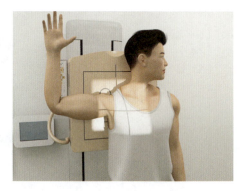

图45-2　肩胛骨正位（近）

质量要求

- 影像范围包括肩胛骨，肩肱关节、部分锁骨及肩部软组织；
- 肩胛骨位于影像中心，近似三角形；
- 肩胛骨中心区域可透过胸部组织观察，肩胛骨外侧缘无重叠；
- 肩胛骨骨皮质、骨小梁结构清晰可见，周围软组织层次可见；
- 无运动伪影、体外物品干扰影、探测器伪影及滤线栅切割影。

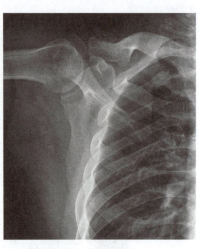

图45-3　肩胛骨正位DR图像

图45-4　肩胛骨正位VR图

小贴士：

1. 立位摄影时，患者舒适，容易体位设计，但不能站立时也可采用仰卧位。
2. 注意患者身体不要旋转，否则会导致肩胛骨与胸廓更多重叠。
3. 肩胛骨中心位于喙突下5cm处或在腋窝水平面，距离体侧缘向内5cm处。
4. 低毫安、长时间摄影，可以强化显示肩胛骨内外侧缘。

46 肩胛骨侧位

技术要点

- **体位设计**：患者面向摄影架站立，然后身体向后旋转，使人体冠状面与平板探测器呈45°～60°；患侧肩部紧贴摄影架，手臂上举置于对侧肩部，或上肢背后并屈肘，或手臂自然下垂。
- **中心线**：对准肩胛骨内侧缘，垂直入射。
- **摄影参数**：

  65～75kV，25～30mAs，FDD：≥110cm，使用滤线栅。

  照射野与摄影部位匹配，满足显示范围要求但不包含过多不必要组织。

  小焦点；总滤过≥2.5mmAl当量，推荐使用附加复合滤过板。
- **呼吸方式**：平静呼吸下屏气曝光。
- **辐射剂量典型值**：入射空气比释动能为0.8mGy。

图46-1　肩胛骨侧位（远）

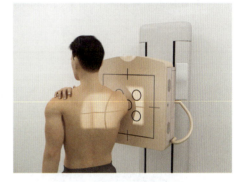

图46-2　肩胛骨侧位（近）

质量要求

- 影像范围包括完整的肩胛骨、肱骨上段、部分肋骨、部分锁骨及背侧软组织；
- 肩胛骨呈侧位显示于影像纵轴中线；
- 肩胛骨内、外侧缘重叠，肩胛骨与肋骨无重叠；
- 透过肱骨头可见肩峰和喙突的骨缘；
- 肩胛骨骨皮质、骨小梁结构清晰可见，周围软组织层次可见；
- 无运动伪影、体外物品干扰影、探测器伪影及滤线栅切割影。

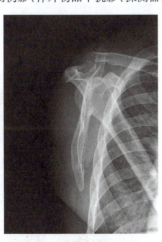

图46-3　肩胛骨侧位DR图像

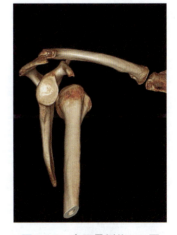

图46-4　肩胛骨侧位VR图

小贴士：

1. 不同体位的摄影，获得的影像所观察的疾病不同。①手臂上举置于对侧肩部的影像，利于对肩胛骨体的显示。②上肢背后并屈肘，或手臂自然下垂的影像，有利于肩峰和喙突的显示。

2. 立位无法配合时，可以选用仰卧位，患侧上肢横于胸前，旋转身体约30°，直至肩胛骨呈侧位，垂直于探测器；中心线经肩胛骨侧缘中点垂直入射。

47 肩胛骨Y形侧位（外伤）

技术要点

- **体位设计**：患者面向摄影架站立，然后身体向后旋转，使人体冠状面与平板探测器呈45°～60°；患侧肩部自然下垂并紧贴摄影架，上臂略外展，不要旋转。
- **中心线**：对准肩肱关节，垂直入射。
- **摄影参数**：

  65～75kV，25～30mAs，FDD：≥110cm，使用滤线栅。

  照射野与摄影部位匹配，满足显示范围要求但不包含过多不必要组织。

  小焦点；总滤过≥2.5mmAl当量，推荐使用附加复合滤过板。
- **呼吸方式**：平静呼吸下屏气曝光。
- **辐射剂量典型值**：入射空气比释动能为0.8mGy。

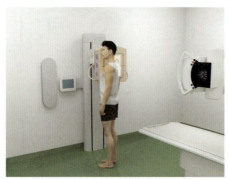

图47-1 肩胛骨Y形侧位（远）

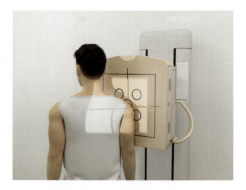

图47-2 肩胛骨Y形侧位（近）

质量要求

- 影像范围包括肩胛骨体、肱骨上段、部分肋骨及部分锁骨及背侧软组织；
- 肩胛骨呈侧位显示于影像纵轴中线，肱骨外科颈位于影像正中；
- 肩峰、喙突和肩胛骨形成"Y"字，且几近对称；
- 如果肱骨没有骨折，肱骨头应与"Y"字的交叉处重叠；
- 肩胛骨骨皮质、骨小梁结构清晰可见，周围软组织层次可见；
- 无运动伪影、体外物品干扰影、探测器伪影及滤线栅切割影。

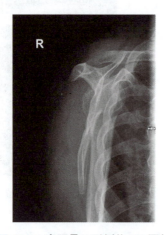

图47-3 肩胛骨Y形侧位DR图像

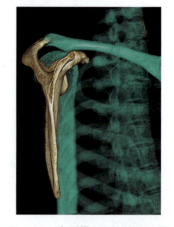

图47-4 肩胛骨Y形侧位VR图

　　小贴士：此项检查可以观察肱骨近端和肩胛骨在矢状位的骨折移位和成角情况及盂肱关节是否脱位。前脱位时，肱骨头位于喙突下方；后脱位（较少见）时，肱骨头位于肩峰下方。

48　肩锁关节正位

技
术
要
点

- **体位设计**：患者背靠摄影架站立，双下肢均匀负重；人体正中矢状面与平板探测器垂直，并与其纵轴中线重合；双臂自然下垂置于身体两侧。
- **中心线**：

  对准颈静脉切迹上 2.5cm 处，垂直入射（平板探测器尺寸能够包括双侧肩锁关节时）。

  对准两侧肩锁关节中心垂直入射，2 次摄影（平板探测器尺寸不能包括双侧肩锁关节时）。
- **摄影参数**：

  60～70kV，20～25mAs，FDD：≥110cm，使用滤线栅。

  照射野与摄影部位匹配，满足显示范围要求但不包含过多不必要组织。

  小焦点；总滤过≥2.5mmAl 当量，推荐使用附加复合滤过板。
- **呼吸方式**：吸气末屏气曝光。
- **辐射剂量诊断参考水平**：入射空气比释动能为 0.51mGy。

图 48-1　肩锁关节正位（远）

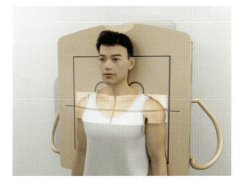

图 48-2　肩锁关节正位（近）

质
量
要
求

- 影像范围包括两侧肩锁关节、锁骨及肩部软组织；
- 两侧肩锁关节位于同一水平，左、右对称显示；
- 骨皮质、骨小梁结构清晰可见，周围软组织层次可见；
- 无运动伪影、体外物品干扰影、探测器伪影及滤线栅切割影。

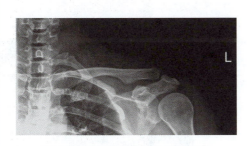

图 48-3　肩锁关节正位 DR 图像

图 48-4　肩锁关节正位 VR 图

小贴士：

1. 肩部和锁骨未排除骨折时，建议无负重摄影。
2. 摄影参数设置时，不推荐使用 AEC。

49　肩锁关节轴位

技术要点

- **体位设计**：患者背靠摄影架站立，双下肢均匀负重；人体正中矢状面与平板探测器垂直，并与其纵轴中线重合；双臂自然下垂置于身体两侧。
- **中心线**：
  向头侧倾斜15°，对准颈静脉切迹上2.5cm处入射（平板探测器尺寸能够包括双侧肩锁关节时）。
  向头侧倾斜15°，对准两侧肩锁关节中心入射，2次摄影（平板探测器尺寸不能包括双侧肩锁关节时）。
- **摄影参数**：
  60～70kV，20～25mAs，FDD：≥110cm，使用滤线栅。
  照射野与摄影部位匹配，满足显示范围要求但不包含过多不必要组织。
  小焦点；总滤过≥2.5mmAl当量，推荐使用附加复合滤过板。
- **呼吸方式**：吸气末屏气曝光。
- **辐射剂量典型值**：入射空气比释动能为0.5mGy。

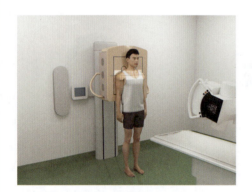

图49-1　肩锁关节轴位（远）

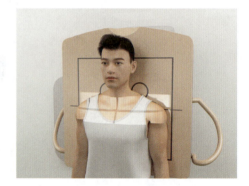

图49-2　肩锁关节轴位（近）

质量要求

- 影像范围包括两侧肩锁关节、锁骨及肩部软组织；
- 两侧肩锁关节位于同一水平，左、右对称显示；
- 肩锁关节显示于肩峰上方；
- 骨皮质、骨小梁结构清晰可见，周围软组织层次可见；
- 无运动伪影、体外物品干扰影、探测器伪影及滤线栅切割影。

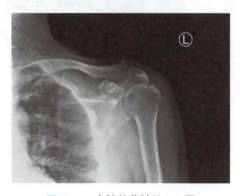

图49-3　肩锁关节轴位DR图

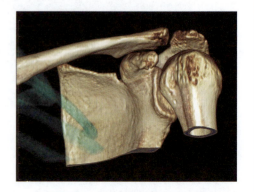

图49-4　肩锁关节轴位VR图

小贴士：选择替代性仰卧位摄影时，使用纱布进行拉伸肩部（模拟负重），需要在临床医师协助下进行。

50

肱骨正位

技
术
要
点

- **体位设计**：患者背靠摄影架站立，肩部和肘部紧贴摄影架，上臂长轴与平板探测器纵轴平行；身体向患侧旋转，上臂略外展，手掌旋后，使肱骨内、外上髁连线与平板探测器平行。
- **中心线**：对准肱骨中点，垂直入射。
- **摄影参数**：
  60～70kV，AEC（中间电离室），FDD：≥120cm，使用滤线栅。
  照射野与摄影部位匹配，满足显示范围要求但不包含过多不必要组织。
  小焦点；总滤过≥2.5mmAl 当量。
- **呼吸方式**：平静呼吸下屏气曝光。
- **辐射剂量诊断参考水平**：入射空气比释动能为 0.51mGy。

图 50-1　肱骨正位（远）

图 50-2　肱骨正位（近）

质
量
要
求

- 影像范围包括肩关节至肘关节及上臂周围软组织；
- 肱骨长轴与影像纵轴平行；
- 肱骨与肋骨无重叠；
- 肱骨大结节充分显示，肱骨内、外上髁轮廓可见；
- 肱骨骨皮质、骨小梁结构清晰可见，周围软组织层次可见；
- 无运动伪影、体外物品干扰影、探测器伪影及滤线栅切割影。

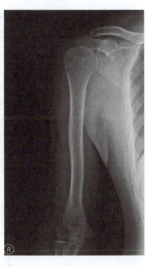

图 50-3　肱骨正位 DR 图像

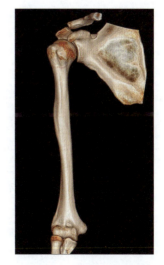

图 50-4　肱骨正位 VR 图

小贴士：

1. 首选立位摄影，患者更容易配合体位设计；患者站立困难时可采用卧位摄影。
2. 患者可在忍受范围内尽可能伸展手和前臂，手臂旋后，保证肘关节呈正位。

51 肱骨侧位

技术要点

- **体位设计**：患者背靠摄影架站立，肩部紧贴摄影架；身体向患侧旋转，使上臂长轴与平板探测器纵轴平行；上臂内旋呈侧位，肘关节屈曲90°，使肱骨内、外上髁连线与平板探测器垂直。
- **中心线**：对准肱骨中点，垂直入射。
- **摄影参数**：
  60～70kV，AEC（中间电离室），FDD：≥120cm，使用滤线栅。
  照射野与摄影部位匹配，满足显示范围要求但不包含过多不必要组织。
  小焦点；总滤过≥2.5mmAl当量。
- **呼吸方式**：平静呼吸下屏气曝光。
- **辐射剂量诊断参考水平**：入射空气比释动能为0.51mGy。

图 51-1　肱骨侧位（远）

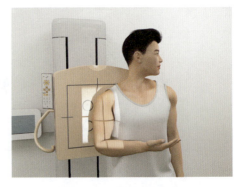

图 51-2　肱骨侧位（近）

质量要求

- 影像范围包括肩关节至肘关节及上臂软组织；
- 肱骨长轴与影像纵轴平行；
- 肱骨与肋骨无重叠；
- 屈肘90°，肱骨内、外上髁重叠，肱骨小结节可见；
- 肱骨骨皮质、骨小梁结构清晰可见，周围软组织层次可见；
- 无运动伪影、体外物品干扰影、探测器伪影及滤线栅切割影。

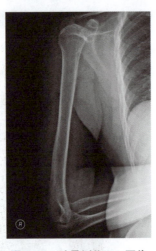

图 51-3　肱骨侧位 DR 图像

图 51-4　肱骨侧位 VR 图

小贴士：

1. 上述体位设计是经肱骨外侧向内侧入射，也可选用经肱骨内侧向外侧入射：患者面向探测器，倾斜身体20°～30°，肘关节屈曲90°，呈侧位。

2. 患者站立困难时可采用卧位摄影。

52

肘关节正位

技术要点

- **体位设计**：患者坐于摄影床侧旁，肘关节完全伸展，上臂和前臂均置于平板探测器上；放低肩部，使肩关节和肘关节处于同一水平面；身体向患侧倾斜，前臂外旋，使肱骨内、外上髁连线与平板探测器平行；上臂、肘关节和前臂轴线与照射野中心长轴平行。
- **中心线**：对准肱骨内、外上髁连线中点远端约2cm，垂直入射。
- **摄影参数**：

  45～55kV，3～4mAs，FDD：≥110cm，不使用滤线栅。

  照射野与摄影部位匹配，满足显示范围要求但不包含过多不必要组织。

  小焦点；总滤过≥2.5mmAl当量。
- **辐射剂量诊断参考水平**：入射空气比释动能为0.37mGy。

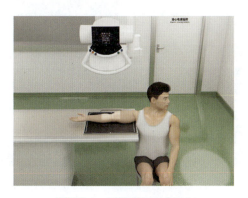

图52-1 肘关节正位（远）　　　　　图52-2 肘关节正位（近）

质量要求

- 影像范围包括肱骨远端和尺桡骨近端各1/3及肘部周围软组织；
- 肱骨、肘关节和尺桡骨轴线与影像纵轴平行，肘关节位于影像正中；
- 肱骨内、外上髁轮廓可见，肘关节间隙开放；
- 桡骨头、桡骨颈与尺骨无重叠或少许重叠；
- 骨皮质、骨小梁清晰可见，周围软组织层次可见；
- 无运动伪影、体外物品干扰影及探测器伪影。

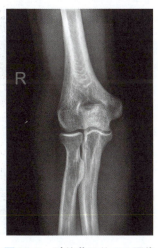

图52-3 肘关节正位DR图像

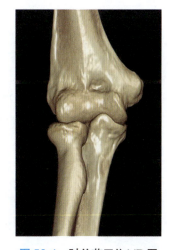

图52-4 肘关节正位VR图

小贴士：肘关节无法完全伸展时，可以根据患者病情选择摄影体位。当观察肱骨时，选择上臂紧贴平板探测器进行摄影；当观察尺桡骨时，选择前臂紧贴平板探测器进行摄影。

53 肘关节侧位

技术要点

- **体位设计**：患者坐于摄影床侧旁，肘关节屈曲 90°，上臂和前臂均置于平板探测器上；降低肩部，使肩关节和肘关节处于同一水平面；旋转手和手腕呈完全侧位，拇指向上。
- **中心线**：对准鹰嘴突后表面内侧约 4cm 处，垂直入射。
- **摄影参数**：

  45～55kV，3～4mAs，FDD：≥110cm，不使用滤线栅。

  照射野与摄影部位匹配，满足显示范围要求但不包含过多不必要组织。

  小焦点；总滤过≥2.5mmAl 当量。
- **辐射剂量诊断参考水平**：入射空气比释动能为 0.37mGy。

图 53-1　肘关节侧位（远）

图 53-2　肘关节侧位（近）

质量要求

- 影像范围包括肱骨远端和尺桡骨近端各 1/3 及肘部周围软组织；
- 肘关节位于影像正中；
- 屈肘 90°，肱骨内、外上髁重叠，鹰嘴突显示；
- 约半个桡骨头与尺骨冠状突重叠，肱尺关节间隙开放；
- 滑车沟、肱骨小头滑车形成的双峰和尺骨滑车切迹形成三个同心圆弧；
- 骨皮质、骨小梁清晰可见，周围软组织层次可见；
- 无运动伪影、体外物品干扰影及探测器伪影。

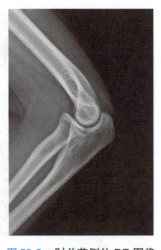

图 53-3　肘关节侧位 DR 图像

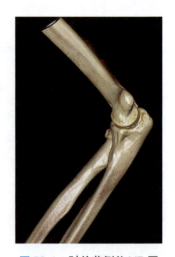

图 53-4　肘关节侧位 VR 图

小贴士：肩部、肘关节及腕关节在同一水平面是保证肘关节侧位的首要前提；肘关节屈曲 90° 是保证标准侧位的关键点。

技术要点

54 肘关节前后内旋斜位

- **体位设计**：患者坐于摄影床侧旁，肘关节完全伸展，上臂和前臂均置于平板探测器上；放低肩部，使肩关节和肘关节处于同一水平面；肱骨远端及肘关节内旋约45°，手掌旋前，手心向下；上臂、肘关节和前臂轴线与照射野中心长轴平行。
- **中心线**：对准肱骨内、外上髁连线中点远端约2cm，垂直入射。
- **摄影参数**：

  45～55kV，3～4mAs，FDD：≥110cm，不使用滤线栅。

  照射野与摄影部位匹配，满足显示范围要求但不包含过多不必要组织。

  小焦点；总滤过≥2.5mmAl当量。
- **辐射剂量诊断参考水平**：入射空气比释动能为0.37mGy。

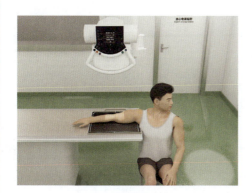

图54-1 肘关节前后内旋斜位（远）

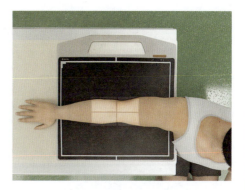

图54-2 肘关节前后内旋斜位（近）

质量要求

- 影像范围包括肱骨远端和尺桡骨近端各1/3及肘部周围软组织；
- 肱骨、肘关节和尺桡骨轴线与影像纵轴平行，肘关节位于影像正中；
- 桡骨头、桡骨颈与尺骨近端重叠；
- 尺骨冠状突轮廓可见，肱骨内上髁及肱骨滑车形态延长，鹰嘴位于鹰嘴窝，滑车切迹部分开放；
- 骨皮质、骨小梁清晰可见，周围软组织层次可见；
- 无运动伪影、体外物品干扰影及探测器伪影。

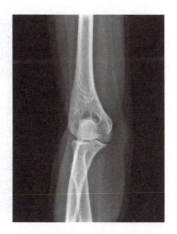

图54-3 肘关节前后内旋斜位 DR 图像

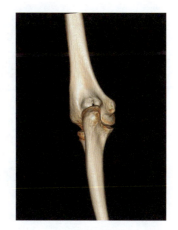

图54-4 肘关节前后内旋斜位 VR 图

小贴士：此项检查可以更好地观察尺骨冠状突及肱骨滑车的病变。

55 肘关节前后外旋斜位

技术要点

- **体位设计**：患者坐于摄影床侧旁，肘关节完全伸展，上臂和前臂均置于平板探测器上；放低肩部，使肩关节和肘关节处于同一水平面；肱骨远端及肘关节外旋约45°，手掌旋后；上臂、肘关节和前臂轴线与照射野中心长轴平行。
- **中心线**：对准肱骨内、外上髁连线中点远端约2cm，垂直入射。
- **摄影参数**：
  45～55kV，3～4mAs，FDD：≥110cm，不使用滤线栅。
  照射野与摄影部位匹配，满足显示范围要求但不包含过多不必要组织。
  小焦点；总滤过≥2.5mmAl当量。
- **辐射剂量诊断参考水平**：入射空气比释动能为0.37mGy。

图 55-1　肘关节前后外旋斜位（远）　　图 55-2　肘关节前后外旋斜位（近）

质量要求

- 影像范围包括肱骨远端和尺桡骨近端各 1/3 及肘部周围软组织；
- 肱骨、肘关节和尺桡骨轴线与影像纵轴平行，肘关节位于影像正中；
- 桡骨头、桡骨颈及桡骨粗隆与尺骨无重叠；
- 肱骨外上髁及肱骨小头形态延长；
- 骨皮质、骨小梁清晰可见，周围软组织层次可见；
- 无运动伪影、体外物品干扰影及探测器伪影。

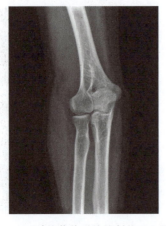 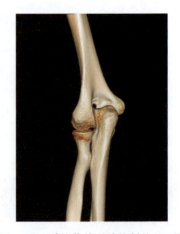

图 55-3　肘关节前后外旋斜位 DR 图像　　图 55-4　肘关节前后外旋斜位 VR 图

小贴士：此项检查可以更好地观察桡骨头、桡骨颈病变。

56 桡骨头侧位

技术要点

- **体位设计**：患者坐于摄影床侧旁，肘关节屈曲 90°，上臂和前臂均置于平板探测器上；降低肩部，使肩关节和肘关节处于同一水平面；手掌旋前，手心向下；上臂长轴与照射野中心长轴平行。
- **中心线**：对准桡骨头垂直入射。
- **摄影参数**：
  55～65kV，3～4mAs；FDD：≥110cm，不使用滤线栅。
  照射野与摄影部位匹配，满足显示范围要求但不包含过多不必要组织。
  小焦点：总滤过≥2.5mmAl 当量。
- **辐射剂量诊断参考水平**：入射空气比释动能为 0.37mGy。

图 56-1　桡骨头侧位（远）

图 56-2　桡骨头侧位（近）

质量要求

- 影像范围包括肱骨远端和尺桡骨近端各 1/3 及肘部周围软组织；
- 肱骨长轴与影像纵轴平行，肘关节位于影像正中；
- 屈肘 90°，肱骨内、外上髁重叠，鹰嘴突显示；
- 桡骨头、桡骨颈清晰可见；
- 骨皮质、骨小梁清晰可见，周围软组织层次可见；
- 无运动伪影、体外物品干扰影及探测器伪影。

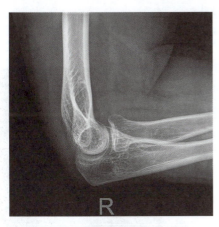
图 56-3　桡骨头侧位 DR 图像

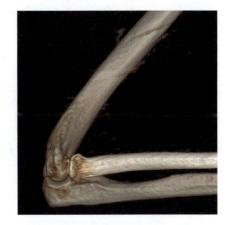
图 56-4　桡骨头侧位 VR 图

小贴士：为了完整显示桡骨头的病变，需要调整手臂的位置，共有四种体位摄影。

1. 第一次曝光，腕关节尽可能外旋使手掌向上。
2. 第二次曝光，手处于侧位，拇指向上。
3. 第三次曝光，腕关节内旋，使手掌向下。
4. 第四次曝光，腕关节最大程度内旋。

57　尺神经沟位

技术要点

- **体位设计**：患者坐于摄影床侧旁，上臂紧贴平板探测器；肘部极度屈曲，手指接触肩部；降低肩部，使肩关节和肘关节处于同一水平面；上臂外旋15°～20°，触摸尺神经沟，置于照射野中心。
- **中心线**：对准肱骨内上髁内侧约1cm处，垂直入射。
- **摄影参数**：

  45～55kV，3～4mAs，FDD：≥110cm，不使用滤线栅。

  照射野与摄影部位匹配，满足显示范围要求但不包含过多不必要组织。

  小焦点；总滤过≥2.5mmAl当量。
- **辐射剂量诊断参考水平**：入射空气比释动能为0.37mGy。

图57-1　尺神经沟位（远）

图57-2　尺神经沟位（近）

质量要求

- 影像范围包括肱骨远端和尺桡骨近端各1/3及肘部周围软组织；
- 尺神经沟位于肱骨内上髁下方，清晰显示于影像正中；
- 尺骨鹰嘴与尺神经沟无重叠；
- 骨皮质、骨小梁清晰可见，周围软组织层次可见；
- 无运动伪影、体外物品干扰影及探测器伪影。

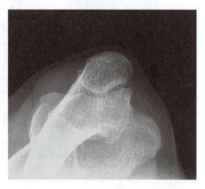

图57-3　尺神经沟位 DR 图像

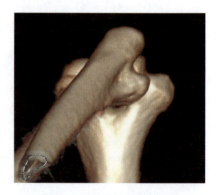

图57-4　尺神经沟位 VR 图

58

肘关节轴位

技
术
要
点

- **体位设计**：患者坐于摄影床侧旁，上臂紧贴平板探测器；肘部极度屈曲，手指接触肩部；降低肩部，使肩关节和肘关节处于同一水平面；肱骨长轴与照射野中心长轴平行。
- **中心线**：
  上臂远端：对准内外上髁连线中点，垂直于上臂入射。
  前臂近端：对准鹰嘴突上方5cm处，垂直于前臂入射。
- **摄影参数**：
  45～55kV，3～4mAs，FDD：≥110cm，不使用滤线栅。
  照射野与摄影部位匹配，满足显示范围要求但不包含过多不必要组织。
  小焦点；总滤过≥2.5mmAl当量。
- **辐射剂量诊断参考水平**：入射空气比释动能为0.37mGy。

图58-1　肘关节轴位(远)

图58-2　肘关节轴位(近)

质
量
要
求

- 影像范围包括肱骨远端和尺桡骨近端各1/3及肘部周围软组织；
- 肱骨长轴与影像纵轴平行；
  ①上臂远端：尺桡骨和肱骨上髁重叠，内外上髁、部分滑车、肱骨小头及鹰嘴突轮廓可见；
  ②前臂近端：通过重叠的肱骨远端，尺桡骨近端可见，包括桡骨头和桡骨颈轮廓；
- 骨皮质、骨小梁清晰可见；
- 无运动伪影、体外物品干扰影及探测器伪影。

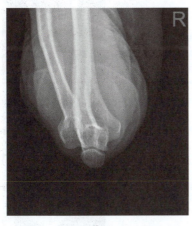

图58-3　肘关节轴位DR图像

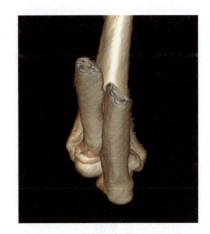

图58-4　肘关节轴位VR图

小贴士：此项检查可以观察肘关节锐角屈曲时的骨折或轻度脱位。

59 尺桡骨正位

技术要点

- **体位设计**：患者坐于摄影床侧旁，肘关节完全伸展，上臂和前臂均置于平板探测器上；肘关节和腕关节处于同一水平面；身体向患侧倾斜，前臂外旋，使肱骨内、外上髁连线与平板探测器平行；前臂长轴与照射野中心长轴平行。
- **中心线**：对准前臂中点，垂直入射。
- **摄影参数**：

  45～55kV，3～4mAs，FDD：≥110cm，不使用滤线栅。

  照射野与摄影部位匹配，满足显示范围要求但不包含过多不必要组织。

  小焦点；总滤过≥2.5mmAl当量。
- **辐射剂量诊断参考水平**：入射空气比释动能为0.37mGy。

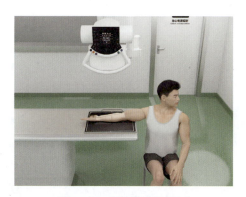

图 59-1 尺桡骨正位（远）

图 59-2 尺桡骨正位（近）

质量要求

- 影像范围包括尺骨、桡骨、肱骨远端、腕骨近端及周围软组织；
- 尺桡骨长轴与影像纵轴平行；
- 桡骨头、桡骨颈与尺骨略重叠；
- 腕关节和肘关节间隙部分可见；
- 骨皮质、骨小梁结构清晰可见，周围软组织层次可见；
- 无运动伪影、体外物品干扰影及探测器伪影。

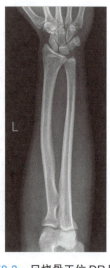

图 59-3 尺桡骨正位 DR 图像

图 59-4 尺桡骨正位 VR 图

60 尺桡骨侧位

- **体位设计**：患者坐于摄影床侧旁，肘关节屈曲 90°，上臂和前臂均置于平板探测器上；降低肩部，使肩关节、肘关节和腕关节处于同一水平面；旋转手和手腕呈完全侧位；前臂长轴与照射野中心长轴平行。
- **中心线**：对准前臂中点，垂直入射。
- **摄影参数**：

  45～55kV，3～4mAs，FDD：≥110cm，不使用滤线栅。

  照射野与摄影部位匹配，满足显示范围要求但不包含过多不必要组织。

  小焦点；总滤过≥2.5mmAl 当量。
- **辐射剂量诊断参考水平**：入射空气比释动能为 0.37mGy。

图 60-1 尺桡骨侧位（远）

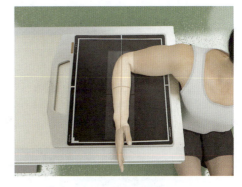

图 60-2 尺桡骨侧位（近）

- 影像范围包括尺骨、桡骨、肱骨远端、腕关节近端及周围软组织；
- 尺桡骨长轴与影像纵轴平行；
- 肘关节呈侧位显示；
- 尺骨喙突与桡骨头重叠，肱骨外上髁与滑车重叠；
- 骨皮质、骨小梁结构清晰可见，周围软组织层次可见；
- 无运动伪影、体外物品干扰影及探测器伪影。

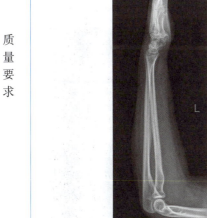

图 60-3 尺桡骨侧位 DR 图像

图 60-4 尺桡骨侧位 VR 图

61 腕关节正位

技术要点

- **体位设计**：患者坐于摄影床侧旁，肘关节屈曲90°，手和手腕置于平板探测器上；降低肩部，使肩关节、肘关节和腕关节处于同一水平面；手掌旋前，手心向下，半握拳；手、手腕和前臂轴线与照射野中心长轴平行。
- **中心线**：对准尺、桡骨茎突连线中点，垂直入射。
- **摄影参数**：

  44～50kV，2.8～3.6mAs，FDD：≥110cm，不使用滤线栅。

  照射野与摄影部位匹配，满足显示范围要求但不包含过多不必要组织。

  小焦点；总滤过≥2.5mmAl当量。
- **辐射剂量典型值**：入射空气比释动能为0.15mGy。

图61-1 腕关节正位（远）

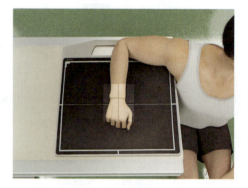
图61-2 腕关节正位（近）

质量要求

- 影像范围包括腕骨、掌骨近端、尺桡骨远端及周围软组织；
- 手、腕关节和尺桡骨轴线与影像纵轴平行，腕关节位于影像正中；
- 远端桡、尺骨略重叠；
- 掌腕关节及桡腕关节间隙清晰可见；
- 骨皮质、骨小梁结构清晰可见，周围软组织层次可见；
- 无运动伪影、体外物品干扰影及探测器伪影。

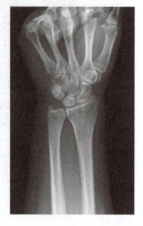
图61-3 腕关节正位DR图像

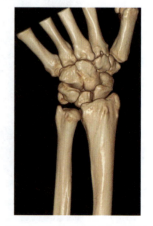
图61-4 腕关节正位VR图

62 腕关节侧位

技术要点

- **体位设计**：患者坐于摄影床侧旁，肘关节屈曲 90°，上臂和前臂均置于平板探测器上；降低肩部，使肩关节、肘关节和腕关节处于同一水平面；旋转手和手腕呈完全侧位，拇指向上；手、手腕和前臂轴线与照射野中心长轴平行。
- **中心线**：对准桡骨茎突，垂直入射。
- **摄影参数**：

  44～50kV，2.8～3.6mAs，FDD：≥110cm，不使用滤线栅。

  照射野与摄影部位匹配，满足显示范围要求但不包含过多不必要组织。

  小焦点；总滤过≥2.5mmAl 当量。
- **辐射剂量典型值**：入射空气比释动能为 0.15mGy。

图 62-1　腕关节侧位（远）

图 62-2　腕关节侧位（近）

质量要求

- 影像范围包括腕骨、掌骨近端、尺桡骨远端及周围软组织；
- 手、腕关节和尺桡骨轴线与影像纵轴平行，腕关节位于影像正中；
- 尺、桡骨远端重叠，第 2 至第 5 掌骨近端全部重叠，排成直线；
- 骨皮质、骨小梁结构清晰可见，周围软组织层次可见；
- 无运动伪影、体外物品干扰影及探测器伪影。

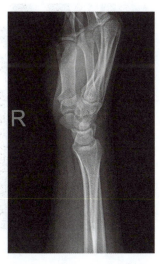

图 62-3　腕关节侧位 DR 图像

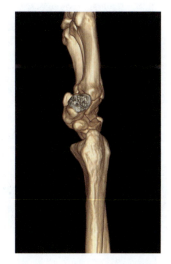

图 62-4　腕关节侧位 VR 图

63 舟状骨正位（尺屈位、外展位）

技术要点

- **体位设计**：患者坐于摄影床侧旁，前臂和手伸直置于平板探测器上；手掌旋前，手心向下；手掌向尺侧转动，直至腕关节位于尺偏最大程度，保持身体稳定；前臂长轴与照射野中心长轴平行。
- **中心线**：向肘侧倾斜10°～15°，对准桡骨茎突前内侧2cm处入射。
- **摄影参数**：
  44～50kV，2.8～3.6mAs，FDD：≥110cm，不使用滤线栅。
  照射野与摄影部位匹配，满足显示范围要求但不包含过多不必要组织。
  小焦点；总滤过≥2.5mmAl当量。
- **辐射剂量典型值**：入射空气比释动能为0.1mGy。

图63-1　舟状骨正位（远）

图63-2　舟状骨正位（近）

质量要求

- 影像范围包括腕骨、掌骨近端、尺桡骨远端及周围软组织；
- 尺桡骨长轴与影像纵轴平行，腕关节位于影像正中；
- 尺骨与桡骨远端分离，手舟状骨变长，桡侧腕关节间隙清晰可见，腕骨边界可见；
- 骨皮质、骨小梁结构清晰可见，周围软组织层次可见；
- 无运动伪影、体外物品干扰影及探测器伪影。

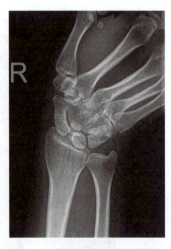

图63-3　舟状骨正位DR图像

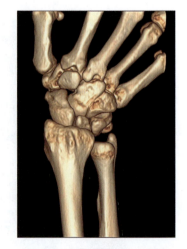

图63-4　舟状骨正位VR图

小贴士：体位设计过程中，动作应轻缓，避免造成二次损伤。

64

技术要点

手(掌骨)正位

- **体位设计**：患者坐于摄影床侧旁，前臂和手伸直置于平板探测器上；手掌旋前，手心向下，手指略张开；手、手腕和前臂轴线与照射野中心长轴平行。
- **中心线**：对准第3掌指关节，垂直入射。
- **摄影参数**：
  40～45kV，2.0～2.8mAs，FDD：≥110cm，不使用滤线栅。
  照射野与摄影部位匹配，满足显示范围要求但不包含过多不必要组织。
  小焦点；总滤过≥2.5mmAl当量。
- **辐射剂量典型值**：入射空气比释动能为0.1mGy。

图64-1　手(掌骨)正位(远)

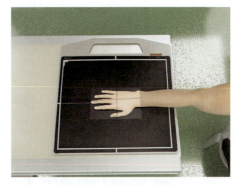

图64-2　手(掌骨)正位(近)

质量要求

- 影像包括整个手、腕关节、尺桡骨远端及周围软组织；
- 手、腕关节和尺桡骨轴线与影像纵轴平行，第3掌骨头位于影像正中；
- 拇指呈斜位显示，第2至第5指骨和掌骨骨干两侧凹陷对称显示；
- 手指略分开，无软组织重叠；
- 掌指关节和指间关节间隙清晰可见；
- 骨皮质、骨小梁结构清晰可见，周围软组织层次可见；
- 无运动伪影、体外物品干扰影及探测器伪影。

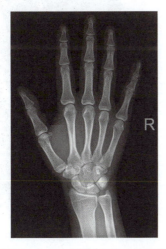

图64-3　手(掌骨)正位DR图像

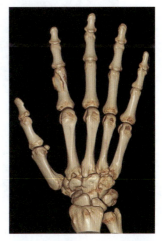

图64-4　手(掌骨)正位VR图

65

手(掌骨)斜位

技术要点

- **体位设计**：患者坐于摄影床侧旁，手和前臂置于平板探测器上，手心向下；然后手掌旋后，使手、手腕和前臂冠状面与平板探测器约呈 45°；手指均匀分开并略弯曲，指尖接触平板探测器；手、手腕和前臂轴线与照射野中心长轴平行。
- **中心线**：对准第 3 掌指关节，垂直入射。
- **摄影参数**：
  40～45kV，2.0～2.8mAs，FDD：≥110cm，不使用滤线栅。
  照射野与摄影部位匹配，满足显示范围要求但不包含过多不必要组织。
  小焦点；总滤过≥2.5mmAl 当量。
- **辐射剂量典型值**：入射空气比释动能为 0.1mGy。

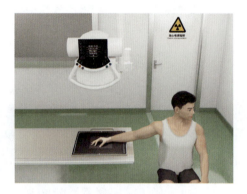

图 65-1　手(掌骨)后前斜位(远)

图 65-2　手(掌骨)后前斜位(近)

质量要求

- 影像包括整个手、腕关节、尺桡骨远端及周围软组织；
- 手、腕关节和尺桡骨轴线与影像纵轴平行，第 3 掌骨头位于影像正中；
- 第 2、第 3 掌骨远端无重叠，第 3 至第 5 掌骨干中部无重叠；
- 掌指关节和指间关节间隙清晰可见；
- 骨皮质、骨小梁结构清晰可见，周围软组织层次可见；
- 无运动伪影、体外物品干扰影及探测器伪影。

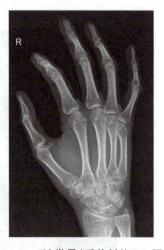

图 65-3　手(掌骨)后前斜位 DR 图像

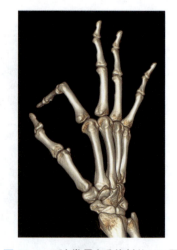

图 65-4　手(掌骨)后前斜位 VR 图

小贴士：观察第 1 至第 3 掌骨时，选取掌下斜位摄影；观察第 4、第 5 掌骨时，选取掌上斜位摄影。

66

指骨正位

技术要点

- **体位设计**：患者坐于摄影床侧旁，手和前臂置于平板探测器上，手心向下，手指伸直并张开；手指长轴与照射野中心长轴平行。
- **中心线**：对准患肢近端指间关节，垂直入射。
- **摄影参数**：

  40～45kV，2.0～2.8mAs，FDD：≥110cm，不使用滤线栅。

  照射野与摄影部位匹配，满足显示范围要求但不包含过多不必要组织。

  小焦点；总滤过≥2.5mmAl当量。
- **辐射剂量典型值**：入射空气比释动能为0.1mGy。

图66-1　指骨正位（远）

图66-2　指骨正位（近）

质量要求

- 影像范围包括指骨、相应掌骨远端部分及周围软组织；
- 指骨长轴与影像纵轴平行；
- 指骨干两侧的凹陷对称，与邻近指骨无重叠；
- 指间关节和掌指关节间隙清晰可见；
- 骨皮质、骨小梁结构清晰可见，周围软组织层次可见；
- 无运动伪影、体外物品干扰影及探测器伪影。

图66-3　指骨正位DR图像

图66-4　指骨正位VR图

67 指骨侧位

技术要点

- **体位设计**：患者坐于摄影床侧旁，手和前臂置于平板探测器上，前臂伸直；手和腕关节呈侧位放置，前臂尺侧紧贴平板探测器；调整手指，使手指和拇指张开呈"扇"形体位；手和前臂轴线与照射野中心长轴平行。
- **中心线**：对准第2掌指关节，垂直入射。
- **摄影参数**：
  40～45kV，2.0～2.8mAs，FDD：≥110cm，不使用滤线栅。
  照射野与摄影部位匹配，满足显示范围要求但不包含过多不必要组织。
  小焦点；总滤过≥2.5mmAl当量。
- **辐射剂量典型值**：入射空气比释动能为0.1mGy。

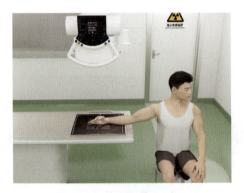

图 67-1　指骨侧位（远）

图 67-2　指骨侧位（近）

质量要求

- 影像范围包括指骨、相应掌骨远端部分及周围软组织；
- 手、腕关节和尺桡骨轴线与影像纵轴平行；
- 尺骨、桡骨重叠，掌骨重叠，指骨无重叠；
- 指间关节间隙清晰可见；
- 骨皮质、骨小梁结构清晰可见，周围软组织层次可见；
- 无运动伪影、体外物品干扰影及探测器伪影。

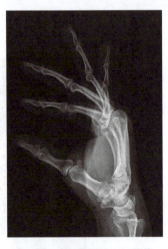

图 67-3　指骨侧位 DR 图像

图 67-4　指骨侧位 VR 图

小贴士：
1. 单指侧位摄影时，中心线为对准患指近段指间关节，垂直入射。
2. 示指侧位可以采用手掌桡侧贴近平板探测器的体位。

68　拇指正位

技术要点

- **体位设计**：患者坐于摄影床侧旁，手和前臂置于平板探测器上，前臂伸直并极度内旋，使拇指背侧紧贴平板探测器；其余手指并拢并与拇指分开；拇指长轴与照射野中心长轴平行。
- **中心线**：对准拇指的掌指关节，垂直入射。
- **摄影参数**：

  40～45kV，2.0～2.8mAs，FDD：≥110cm，不使用滤线栅。

  照射野与摄影部位匹配，满足显示范围要求但不包含过多不必要组织。

  小焦点；总滤过≥2.5mmAl 当量。
- **辐射剂量典型值**：入射空气比释动能为 0.1mGy。

图 68-1　拇指正位（远）

图 68-2　拇指正位（近）

质量要求

- 影像范围包括拇指近、远节指骨、第1掌骨、大多角骨及周围软组织；
- 拇指长轴与影像纵轴平行；
- 指骨干两侧的凹陷对称，指间关节和掌指关节间隙清晰可见；
- 骨皮质、骨小梁结构清晰可见，周围软组织层次可见；
- 无运动伪影、体外物品干扰影及探测器伪影。

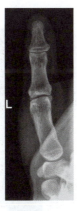

图 68-3　拇指正位 DR 图像

图 68-4　拇指正位 VR 图

69 拇指侧位

技术要点

- **体位设计**：患者坐于摄影床侧旁，手和前臂置于平板探测器上，前臂伸直，手掌旋前，使拇指外侧紧贴平板探测器；其余手指握拳并与拇指分开；拇指长轴与照射野中心长轴平行。
- **中心线**：对准拇指的掌指关节，垂直入射。
- **摄影参数**：
  40～45kV，2.0～2.8mAs，FDD：100～300cm，不使用滤线栅。
  照射野与摄影部位匹配，满足显示范围要求但不包含过多不必要组织。
  小焦点；总滤过≥2.5mmAl 当量。
- **辐射剂量典型值**：入射空气比释动能为 0.1mGy。

图 69-1 拇指侧位（远）

图 69-2 拇指侧位（近）

质量要求

- 影像范围包括拇指近、远节指骨、第 1 掌骨、大多角骨及周围软组织；
- 拇指长轴与影像纵轴平行；
- 近节指骨和第 1 掌骨前缘凹陷，后缘相对平直；
- 指间关节和掌指关节间隙显示清晰；
- 骨皮质、骨小梁结构清晰可见，周围软组织层次可见；
- 无运动伪影、体外物品干扰影及探测器伪影。

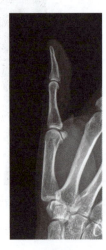

图 69-3 拇指侧位 DR 图像

图 69-4 拇指侧位 VR 图

第六节 下 肢

70	下肢全长正位

技术要点

- **体位设计**：将拼接支架固定于摄影架前；患者背靠支架站立，双脚略分开，第2跖骨与平板探测器垂直；双下肢伸直并均匀负重；人体正中矢状面与平板探测器垂直，并与其纵轴中线重合。
- **中心线**：追踪摄影架中心。
- **摄影参数**：
  65～85kV，AEC（双上电离室），FDD：180～300cm，使用专用滤线栅。
  照射野与摄影部位匹配，满足显示范围要求但不包含过多不必要组织。
  大焦点；总滤过≥2.5mmAl当量，推荐使用附加复合滤过板。
- **辐射剂量典型值**：入射空气比释动能为1.5mGy。

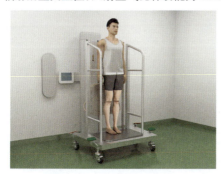

图 70-1 下肢全长正位（远）

图 70-2 下肢全长正位（近）

质量要求

- 影像范围包括髂嵴上缘至距骨下缘及周围软组织；
- 下肢轴线与影像纵轴平行，双侧下肢对称显示；
- 骨盆、髋关节、膝关节及踝关节呈正位显示；
- 股骨颈充分显示，膝关节及踝关节关节间隙清晰可见；
- 下肢骨、关节及周围软组织层次可见；
- 无运动伪影、体外物品干扰影、探测器伪影及滤线栅切割影。

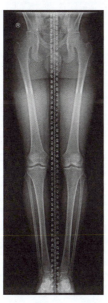

图 70-3 下肢全长正位 DR 图像

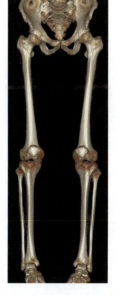

图 70-4 下肢全长正位 VR 图

小贴士：

1. 不同品牌 DR 的拼接技术有所不同，需根据设备成像要求，设置 FDD 和中心线。

2. 此项检查用于下肢力线、骨骼的解剖学角度及膝关节韧带功能等测量与评估。

3. 标注下肢力线说明如下。①下肢机械轴线：股骨头中心点（即压力骨小梁与张力骨小梁交点中心）至踝关节面中点。②股骨解剖轴：股骨干的中轴线（大转子内侧缘至股骨内外侧髁中点连线）。③胫骨解剖轴：胫骨干的中轴线（胫骨内外髁连线中点至胫骨踝关节面的中点连线）。④股骨下端平台线：股骨内外侧髁最低点的连线。⑤胫骨上端平台线：胫骨内外侧髁最高点的连线。

71 下肢全长侧位

技术要点

- **体位设计**：将拼接支架固定于摄影架前；患者侧立于支架前，患侧紧贴支架，下肢伸直并略外旋，使其矢状面与平板探测器平行，患侧下肢单独负重；健侧下肢抬高，髋关节和膝关节屈曲，保持身体稳定。
- **中心线**：追踪摄影架中心。
- **摄影参数**：
  65～85kV，AEC（中间电离室），FDD：180～300cm，使用专用滤线栅。
  照射野与摄影部位匹配，满足显示范围要求但不包含过多不必要组织。
  大焦点；总滤过≥2.5mmAl 当量，推荐使用附加复合滤过板。
- **辐射剂量典型值**：入射空气比释动能为 1.5mGy。

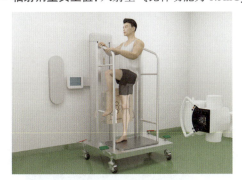

图 71-1 下肢全长侧位（远）

图 71-2 下肢全长侧位（近）

质量要求

- 影像范围包括髂嵴上缘至跟骨下缘及周围软组织；
- 下肢轴线与影像纵轴平行；
- 髋关节、膝关节及踝关节呈侧位显示；
- 股骨颈与大转子重叠显示，膝关节及踝关节关节间隙清晰可见；
- 下肢骨、关节及周围软组织层次可见；
- 无运动伪影、体外物品干扰影、探测器伪影及滤线栅切割影。

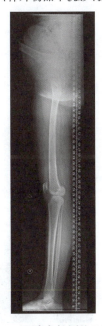

图 71-3 下肢全长侧位 DR 图像

图 71-4 下肢全长侧位 VR 图

小贴士：此项检查可以测量胫骨平台的后倾角度。前交叉韧带（ACL）损伤后，部分患者胫骨相对股骨明显前移，其前移的程度可能会影响到 ACL 重建术后的临床疗效，是术前评估非常重要的检查。

72 髋关节前后位

技术要点

- **体位设计**：患者仰卧于摄影床上，人体正中矢状面与平板探测器垂直；下肢伸直并内旋15°～20°；骨盆无旋转，双侧髂前上棘至床面距离相等。
- **中心线**：对准股骨头，垂直入射。
- **摄影参数**：

  70～80kV，AEC（中间电离室），FDD：≥110cm，使用滤线栅。

  照射野与摄影部位匹配，满足显示范围要求但不包含过多不必要组织。

  大焦点；总滤过≥2.5mmAl当量，推荐使用附加复合滤过板。
- **呼吸方式**：平静呼吸下屏气曝光。
- **辐射剂量典型值**：入射空气比释动能为1.5mGy。

图72-1　髋关节前后位（远）

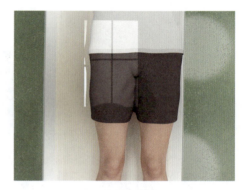

图72-2　髋关节前后位（近）

质量要求

- 影像范围包括部分髂骨、髋关节、股骨近端1/3、同侧耻骨、坐骨及周围软组织；
- 股骨长轴与影像纵轴平行，股骨头位于影像正中；
- 小转子不显示或少许显示；
- 大粗隆内缘与股骨颈重叠1/2，股骨颈无缩短，坐骨棘充分显示；
- 骨皮质、骨小梁结构清晰可见，周围软组织层次可见；
- 无运动伪影、体外物品干扰影、探测器伪影及滤线栅切割影。

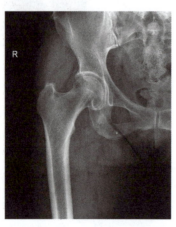

图72-3　髋关节前后位DR图像

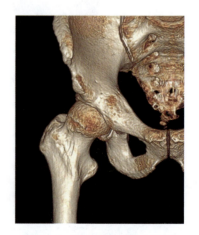

图72-4　髋关节前后位VR图

小贴士：股骨头体表定位点为髂前上棘与耻骨联合上缘连线的中点，向外下做垂线5cm。

73 髋关节侧位(仰卧水平侧位)

技术要点

- **体位设计**：患者仰卧于摄影床上，臀部垫高；患侧下肢伸直并内旋15°～20°；健侧下肢抬高，髋关节和膝关节屈曲，保持身体稳定；调节平板探测器位置，使其置于患侧髂嵴上方，并与股骨颈平行。
- **中心线**：对准股骨颈，垂直入射。
- **摄影参数**：

  75～85kV，40～50mAs，FDD：≥110cm，使用滤线栅。

  照射野与摄影部位匹配，满足显示范围要求但不包含过多不必要组织。

  大焦点；总滤过≥2.5mmAl当量，推荐使用附加复合滤过板。
- **呼吸方式**：平静呼吸下屏气曝光。
- **辐射剂量典型值**：入射空气比释动能为1.5mGy。

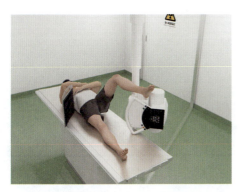

图73-1 髋关节侧位(仰卧水平侧位)(远)

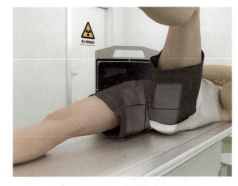

图73-2 髋关节侧位(仰卧水平侧位)(近)

质量要求

- 影像范围包括整个股骨头、股骨颈、髋臼及周围软组织；
- 股骨长轴与影像横轴平行，股骨颈位于影像正中；
- 小转子少许显示，股骨颈远端与大转子重叠；
- 股骨头、髋臼轮廓、股骨颈、股骨干清晰可见；
- 骨皮质、骨小梁结构清晰可见，周围软组织层次可见；
- 无运动伪影、体外物品干扰影、探测器伪影及滤线栅切割影。

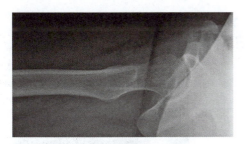

图73-3 髋关节侧位DR图像

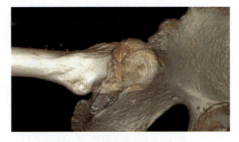

图73-4 髋关节侧位VR图

小贴士：此项检查适用于外伤、骨折后关节制动的患者，也可用于诊断髋关节发育不良。

74

髋关节侧位（蛙式位）

技术要点

- **体位设计**：患者仰卧于摄影床上，人体正中矢状面与平板探测器垂直，并与其纵轴中线重合；双侧股骨外展 40°～45°，双膝关节屈曲 90°，双足底并拢，保持身体稳定；骨盆无旋转，双侧髂前上棘至床面距离相等。
- **中心线**：对准双股骨头连线中点，垂直入射。
- **摄影参数**：

  70～80kV，AEC（中间电离室），FDD：≥110cm，使用滤线栅。

  照射野与摄影部位匹配，满足显示范围要求但不包含过多不必要组织。

  大焦点；总滤过≥2.5mmAl 当量，推荐使用附加复合滤过板。
- **呼吸方式**：平静呼吸下屏气曝光。
- **辐射剂量诊断参考水平**：入射空气比释动能为 1.86mGy。

图 74-1　髋关节侧位（蛙式位）（远）

图 74-2　髋关节侧位（蛙式位）（近）

质量要求

- 影像范围包括两侧部分髂骨、髋臼、股骨近端 1/3 及周围软组织；
- 骶正中嵴位于影像纵轴中线，两侧股骨颈左、右对称显示；
- 两侧股骨颈与大转子重叠，股骨颈轮廓可见；
- 骨皮质、骨小梁结构清晰可见，周围软组织层次可见；
- 无运动伪影、体外物品干扰影、探测器伪影及滤线栅切割影。

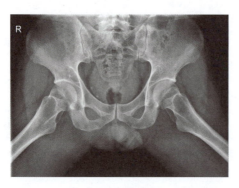

图 74-3　髋关节侧位（蛙式位）DR 图像

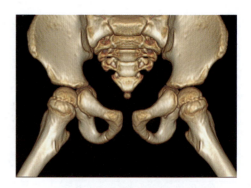

图 74-4　髋关节侧位（蛙式位）VR 图

　　小贴士：此体位影像常用于诊断先天性小儿髋关节脱位及非外伤性关节疾病，常与髋关节正位或骨盆正位联合摄影。

75 股骨正位

技术要点

- **体位设计**：患者仰卧于摄影床上，下肢伸直，股骨长轴与平板探测器纵轴平行。

  下肢内旋5°（观察股骨远端）。

  下肢内旋15°～20°（观察股骨近端）。

- **中心线**：对准股骨中点，垂直入射。

- **摄影参数**：

  60～70kV，AEC（中间电离室），FDD：≥110cm，使用滤线栅。

  照射野与摄影部位匹配，满足显示范围要求但不包含过多不必要组织。

  大焦点；总滤过≥2.5mmAl当量，推荐使用附加复合滤过板。

- **辐射剂量典型值**：入射空气比释动能为0.8mGy。

图75-1 股骨正位（远）

图75-2 股骨正位（近）

质量要求

- 影像范围包括股骨全长、部分髋关节、膝关节及周围软组织；
- 股骨长轴与影像纵轴平行；
- 髋关节和股骨呈正位显示，或股骨和膝关节呈正位显示；
- 股骨颈充分显示，膝关节间隙清晰可见；
- 骨皮质、骨小梁结构清晰可见，周围软组织层次可见；
- 无运动伪影、体外物品干扰影、探测器伪影及滤线栅切割影。

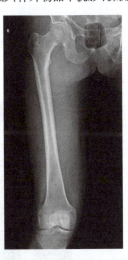
图75-3 股骨正位DR图像

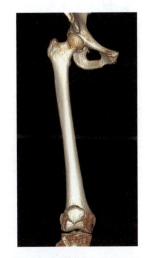
图75-4 股骨正位VR图

小贴士：

1. 由于平板探测器规格的限制，使用床下滤线栅进行摄影时，股骨全长经常不能完全显示，可以将探测器移到床上，利用对角线最大长度进行摄影，尤其是观察股骨髓内钉全长时，尽量包全两端关节。

2. 需要注意的是，因解剖结构和X射线锥形线束原因，股骨全长正位不能同时显示标准的髋关节和膝关节正位影像。在日常工作中，技师常根据骨折或病变所在位置，而选择包括邻近一侧关节（髋关节或膝关节）进行摄影。

76 股骨侧位

技术要点

- **体位设计**：患者侧卧于摄影床上，双下肢分开，患侧紧贴床面，髋部向前伸展，股骨长轴与平板探测器纵轴平行；健侧下肢屈曲，足踏于床面，保持身体稳定。
- **中心线**：对准股骨中点，垂直入射。
- **摄影参数**：
  60～70kV，AEC（中间电离室），FDD：≥110cm，使用滤线栅。
  照射野与摄影部位匹配，满足显示范围要求但不包含过多不必要组织。
  大焦点；总滤过≥2.5mmAl 当量，推荐使用附加复合滤过板。
- **辐射剂量典型值**：入射空气比释动能为 0.8mGy。

图 76-1 股骨侧位（远）

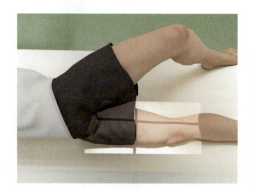

图 76-2 股骨侧位（近）

质量要求

- 影像范围包括股骨全长、部分髋关节、膝关节及周围软组织；
- 股骨长轴与影像纵轴平行；
- 股骨及膝关节呈侧位显示；
- 膝关节间隙清晰可见；
- 骨皮质、骨小梁结构清晰可见，周围软组织层次可见；
- 无运动伪影、体外物品干扰影、探测器伪影及滤线栅切割影。

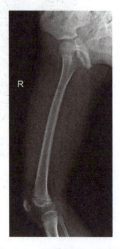

图 76-3 股骨侧位 DR 图像

图 76-4 股骨侧位 VR 图

77　　　　　　　　　　　膝关节正位

技术要点

- **体位设计**：患者仰卧于摄影床上，下肢伸直并内旋3°～5°；大腿、膝关节和小腿轴线与照射野中心长轴平行。
- **中心线**：对准髌骨下缘1cm，垂直入射。
- **摄影参数**：

  50～60kV，4～6mAs，FDD：≥110cm，不使用滤线栅。

  照射野与摄影部位匹配，满足显示范围要求但不包含过多不必要组织。

  小焦点；总滤过≥2.5mmAl当量。

- **辐射剂量诊断参考水平**：入射空气比释动能为0.37mGy。

图77-1　膝关节正位(远)

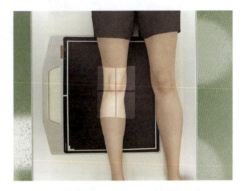

图77-2　膝关节正位(近)

质量要求

- 影像范围包括股骨远端和胫骨近端各约1/3长度及周围软组织；
- 股骨、膝关节和胫腓骨轴线与影像纵轴平行，膝关节间隙位于影像正中；
- 髁间隆起位于髁间窝正中，腓骨头与胫骨部分重叠(约为腓骨头1/3)；
- 髌骨重叠于股骨内，轮廓可见，膝关节间隙清晰可见；
- 骨皮质、骨小梁结构清晰可见，周围软组织层次可见；
- 无运动伪影、体外物品干扰影及探测器伪影。

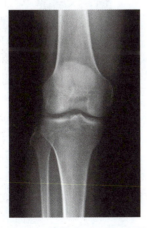

图77-3　膝关节正位DR图像

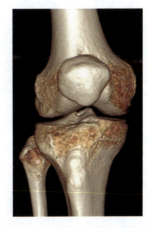

图77-4　膝关节正位VR图

小贴士：胫骨关节面基本与长轴垂直，但生理情况下常表现出3°～5°的内翻，并有一后倾角度，平均为10°。内侧胫骨平台凹陷，外侧胫骨平台凸起。

78 膝关节侧位

技术要点

- **体位设计**：患者侧卧于摄影床上，患侧下肢紧贴平板探测器，使髌骨平面与平板探测器垂直，膝关节屈曲约45°。
- **中心线**：向头侧倾斜5°～7°，对准内侧髁下缘2.5cm入射。
- **摄影参数**：

  50～60kV，4～6mAs，FDD：≥110cm，不使用滤线栅。

  照射野与摄影部位匹配，满足显示范围要求但不包含过多不必要组织。

  小焦点；总滤过≥2.5mmAl当量。
- **辐射剂量诊断参考水平**：入射空气比释动能为0.37mGy。

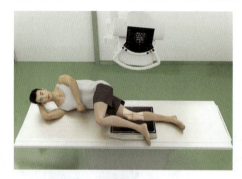

图78-1 膝关节侧位（远）

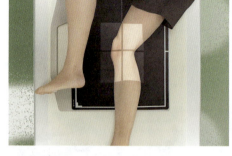

图78-2 膝关节侧位（近）

质量要求

- 影像范围包括股骨远端和胫骨近端各约1/3长度、周围软组织；
- 胫腓骨长轴与影像纵轴平行，膝关节间隙位于影像正中；
- 股骨与胫骨长轴呈120°～130°显示；
- 股骨内、外髁基本重叠，腓骨头前1/3与胫骨重叠；
- 髌股关节间隙清晰可见；
- 骨皮质、骨小梁清晰可见，周围软组织层次可见；
- 无运动伪影、体外物品干扰影及探测器伪影。

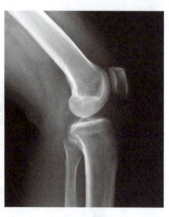

图78-3 膝关节侧位DR图像

图78-4 膝关节侧位VR图

小贴士：

1. 股骨远端解剖要点如下。①股骨远端由内侧髁与外侧髁组成，两者在前方相连形成股骨滑车。②冠状面上，股骨远端有5°～7°外翻，内侧髁低于外侧髁。

2. 基于膝关节解剖结构特点，膝关节侧位摄影时要注意两点。①摆位时股骨远端前外侧面要贴近床面，使股骨冠状面垂直床面。②中心线应向头侧倾斜5°～7°，可使股骨内、外侧髁更好地重叠。另外，膝关节在屈曲135°时是髌骨与股骨滑车构成关节，韧带最放松的位置。技师体位设计时，可以利用限束器上的"十"字线投影找到135°角。

79 髌骨轴位

- **体位设计**：患者俯卧于摄影床上，膝关节极度屈曲，使髌骨与平板探测器垂直；调节大腿和小腿位置，使其轴线与照射野中心长轴平行；可在足踝部绕一长绷带，手部抓住绷带末端，固定下肢，保持身体稳定。
- **中心线**：对准股髌关节间隙入射。
- **摄影参数**：

  50～60kV，4～6mAs，FDD：≥110cm，不使用滤线栅。

  照射野与摄影部位匹配，满足显示范围要求但不包含过多不必要组织。

  小焦点；总滤过≥2.5mmAl当量。
- **辐射剂量典型值**：入射空气比释动能为0.3mGy。

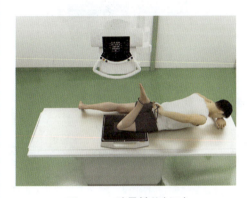

图79-1 髌骨轴位（远）

图79-2 髌骨轴位（近）

- 影像范围包括股骨远端、髌骨及周围软组织；
- 股骨长轴与影像纵轴平行，股髌关节位于影像正中；
- 股骨前方内外侧髁、关节窝对称，股髌关节间隙清晰可见；
- 骨皮质、骨小梁结构清晰可见，周围软组织层次可见；
- 无运动伪影、体外物品干扰影及探测器伪影。

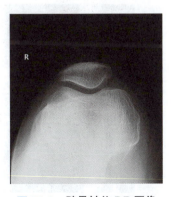

图79-3 髌骨轴位DR图像

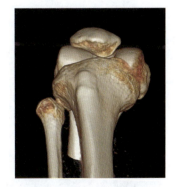

图79-4 髌骨轴位VR图

小贴士：患者无法配合时，可采用坐位摄影。患者坐于摄影床上，患侧膝关节屈曲40°～45°，平板探测器置于大腿中部，并垂直于床面，中心线对准股髌关节，垂直入射。此项检查的体位设计，患者容易配合。观察髌骨半脱位也使用此方法摄影。

80 膝关节负重正位

技术要点

- **体位设计**：患者背对摄影架站立，双下肢伸直并内旋 3°～5°，均匀负重；大腿、膝关节和小腿轴线与照射野中心长轴平行。
- **中心线**：对准两侧髌骨下缘连线中点下 1cm，垂直入射。
- **摄影参数**：
  60～70kV，10～14mAs，FDD：≥120cm，使用滤线栅。
  照射野与摄影部位匹配，满足显示范围要求但不包含过多不必要组织。
  小焦点；总滤过≥2.5mmAl 当量。
- **辐射剂量典型值**：入射空气比释动能为 0.3mGy。

图 80-1　膝关节负重正位（远）

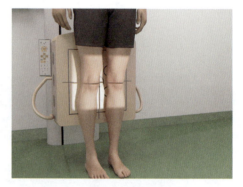

图 80-2　膝关节负重正位（近）

质量要求

- 影像范围包括双侧股骨中远端、胫骨近中端及周围软组织；
- 股骨、膝关节和胫腓骨轴线与影像纵轴平行，两侧膝关节左、右对称显示；
- 膝关节间隙清晰可见，髌骨轮廓可见；
- 骨皮质、骨小梁结构清晰可见，周围软组织层次可见；
- 无运动伪影、体外物品干扰影、探测器伪影及滤线栅切割影。

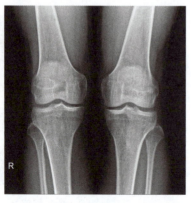

图 80-3　膝关节负重正位 DR 图像

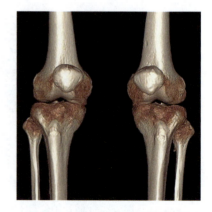

图 80-4　膝关节负重正位 VR 图

81　胫腓骨正位

- **体位设计**：患者仰卧于摄影床上，下肢伸直并略内旋，使股骨内、外侧髁连线与平板探测器平行；足背屈，足底平面与小腿呈 90°；小腿长轴与照射野中心长轴平行。
- **中心线**：对准胫骨中点，垂直入射。
- **摄影参数**：

  50～60kV，4～6mAs，FDD：≥110cm，不使用滤线栅。

  照射野与摄影部位匹配，满足显示范围要求但不包含过多不必要组织。

  小焦点；总滤过≥2.5mmAl 当量。
- **辐射剂量诊断参考水平**：入射空气比释动能为 0.37mGy。

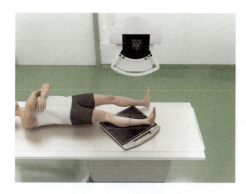

图 81-1　胫腓骨正位（远）

图 81-2　胫腓骨正位（近）

- 影像范围包括股骨远端、胫腓骨、部分踝关节及周围软组织；
- 胫腓骨长轴与影像纵轴平行；
- 膝关节和胫腓骨呈正位显示，关节间隙清晰可见；
- 骨皮质、骨小梁结构清晰可见，周围软组织层次可见；
- 无运动伪影、体外物品干扰影及探测器伪影。

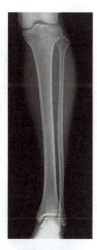

图 81-3　胫腓骨正位 DR 图像

图 81-4　胫腓骨正位 VR 图

小贴士：因解剖结构和 X 射线锥形投影原因，胫腓骨全长正位不能同时显示标准的膝关节和踝关节影像。日常工作中，此体位常根据骨折或病变所在位置，而选择邻近一侧关节（膝关节或踝关节）进行摄影。

82 胫腓骨侧位

- **体位设计**：患者侧卧于摄影床上，患侧下肢置于平板探测器上，膝关节屈曲约45°，足背屈；小腿长轴与照射野中心长轴平行。
- **中心线**：对准胫骨中点，垂直入射。
- **摄影参数**：
  50～60kV，4～6mAs，FDD：≥110cm，不使用滤线栅。
  照射野与摄影部位匹配，满足显示范围要求但不包含过多不必要组织。
  小焦点；总滤过≥2.5mmAl当量。
- **辐射剂量诊断参考水平**：入射空气比释动能为0.37mGy。

图82-1　胫腓骨侧位（远）　　　　图82-2　胫腓骨侧位（近）

- 影像范围包括股骨远端、胫腓骨、部分踝关节及周围软组织；
- 胫腓骨长轴与影像纵轴平行；
- 膝关节呈侧位显示，关节间隙清晰可见；
- 骨皮质、骨小梁结构清晰可见，周围软组织层次可见；
- 无运动伪影、体外物品干扰影及探测器伪影。

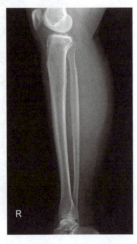 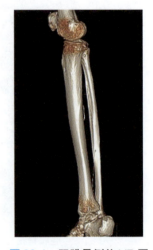

图82-3　胫腓骨侧位DR图像　　　　图82-4　胫腓骨侧位VR图

小贴士：为了保证胫腓骨两端关节能够全部显示，可以使用平板探测器对角线的方法进行摄影。

83 踝关节正位

技术要点

- **体位设计**：患者坐于摄影床上，下肢伸直置于平板探测器上，足自然屈曲，不要强迫背屈；小腿、踝关节和足轴线与照射野中心长轴平行。
- **中心线**：对准内、外踝连线中点上方1cm处，垂直入射。
- **摄影参数**：

  45～55kV，4～6mAs，FDD：≥110cm，不使用滤线栅。

  照射野与摄影部位匹配，满足显示范围要求但不包含过多不必要组织。

  小焦点；总滤过≥2.5mmAl当量。
- **辐射剂量诊断参考水平**：入射空气比释动能为0.37mGy。

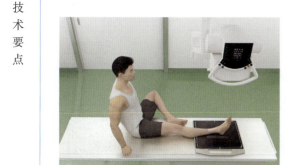

图83-1 踝关节正位（远）

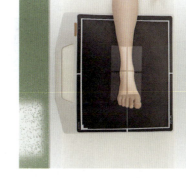

图83-2 踝关节正位（近）

质量要求

- 影像范围包括胫腓骨下1/3、内外踝、距骨、近端跗骨及周围软组织；
- 胫腓骨、踝关节和足轴线与影像纵轴平行，踝关节位于影像正中；
- 内踝开放，外踝闭合；
- 骨皮质、骨小梁结构清晰可见，周围软组织层次可见；
- 无运动伪影、体外物品干扰影及探测器伪影。

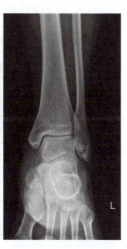

图83-3 踝关节正位DR图像

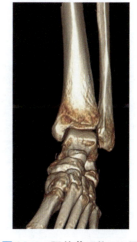

图83-4 踝关节正位VR图

小贴士：

1. 体位设计注意确保踝关节呈正位，内、外踝连线不应与平板探测器平行。

2. 正常情况下，胫腓联合间隙不应超过0.5cm，这个数值也是骨科用于判断胫腓间隙增宽的指标。影像中胫腓重叠、胫腓间隙的增加或减少，提示体位设计时足外旋或内旋过多。

84　　　　　　　　　　　　　　踝关节侧位

技术要点

- **体位设计**：患者侧卧于摄影床上，患侧下肢紧贴平板探测器，膝关节屈曲约45°，足背屈，足底平面与小腿约呈90°；小腿长轴与照射野中心长轴平行。
- **中心线**：对准内踝上方1cm处，垂直入射。
- **摄影参数**：
  45～55kV，4～6mAs，FDD：≥110cm，不使用滤线栅。
  照射野与摄影部位匹配，满足显示范围要求但不包含过多不必要组织。
  小焦点；总滤过≥2.5mmAl当量。
- **辐射剂量诊断参考水平**：入射空气比释动能为0.37mGy。

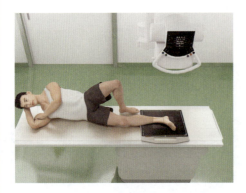　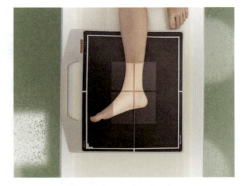

图84-1　踝关节侧位（远）　　　　　　图84-2　踝关节侧位（近）

质量要求

- 影像范围包括胫腓骨下1/3、内外踝、距骨、近端跖骨及周围软组织；
- 胫腓骨长轴与影像纵轴平行，踝关节位于影像正中；
- 距骨滑车面内外缘重合良好，腓骨外踝重叠于胫骨正中偏后；
- 踝关节间隙清晰可见；
- 骨皮质、骨小梁结构清晰可见，周围软组织层次可见；
- 无运动伪影、体外物品干扰影及探测器伪影。

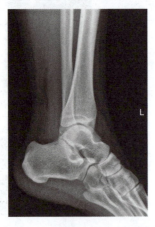　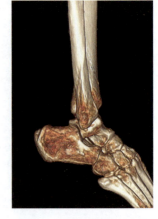

图84-3　踝关节侧位DR图像　　　　　图84-4　踝关节侧位VR图

小贴士：

1. 踝关节的骨性结构特点，即在冠状面上，外踝较内踝低1cm左右；在矢状面上，外踝较内踝偏向后约1cm，后踝较前踝更向下延伸，以限制距骨后移。

2. 体位设计时可以将患者膝关节外侧面垫高，以达到足跟放平的要求。

85　踝关节负重正位

技术要点

- **体位设计**：患者背对摄影架站立，双侧足跟紧贴摄影架，足尖向前，第2跖骨与平板探测器垂直；双下肢伸直并均匀负重；第2跖骨、胫骨及髌骨连线与照射野中心长轴平行。
- **中心线**：对准内、外踝连线中点上方1cm处，垂直入射（2次摄影）。
- **摄影参数**：
  45～55kV，4～6mAs，FDD：≥100cm，不使用滤线栅。
  照射野与摄影部位匹配，满足显示范围要求但不包含过多不必要组织。
  小焦点；总滤过≥2.5mmAl当量。
- **辐射剂量典型值**：入射空气比释动能为0.2mGy。

图85-1　踝关节负重正位（远）

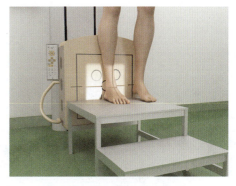

图85-2　踝关节负重正位（近）

质量要求

- 影像范围包括胫腓骨下1/3至足底及周围软组织；
- 胫骨、踝关节和第2跖骨轴线与影像纵轴平行，踝关节位于影像正中；
- 踝关节间隙清晰显示；
- 骨皮质、骨小梁结构清晰可见，周围软组织层次可见；
- 无运动伪影、体外物品干扰影及探测器伪影。

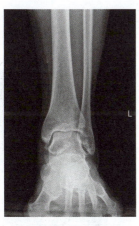

图85-3　踝关节负重正位DR图像

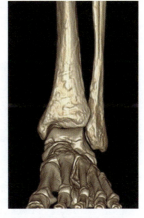

图85-4　踝关节负重正位线VR图

小贴士：用于内翻型踝关节炎术前评价，即正常TAS约为88.1°，TAS与距骨穹隆关节形成解剖对应关系，通常与TTA角度一致。踝内翻畸形导致距骨倾斜，即TTA角度小于TAS角度。

1. 胫骨关节面角（TAS）：胫骨与胫骨远端关节面纵轴线之间的内侧夹角。
2. 胫距角（TTA）：胫骨轴线与距骨穹隆关节面的外侧夹角。
3. 距骨倾斜角（TT）：胫骨远端关节面与距骨穹隆关节面的夹角。

86 踝关节负重侧位

技术要点

- **体位设计**：患者侧立于摄影架前，患侧下肢伸直并单独负重，健侧足抬高或足尖触地置于患足跟骨后方，保持身体稳定；小腿长轴与平板探测器纵轴平行。
- **中心线**：对准内踝上方1cm处，垂直入射（2次摄影）。
- **摄影参数**：

  45~55kV，4~6mAs，FDD：≥100cm，不使用滤线栅。

  照射野与摄影部位匹配，满足显示范围要求但不包含过多不必要组织。

  小焦点；总滤过≥2.5mmAl当量。
- **辐射剂量典型值**：入射空气比释动能为0.2mGy。

图86-1 踝关节负重侧位（远）

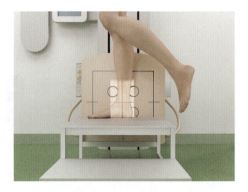

图86-2 踝关节负重侧位（近）

质量要求

- 影像范围包括胫腓骨下1/3至足底及周围软组织；
- 胫腓骨长轴与影像纵轴平行，踝关节位于影像正中；
- 距骨滑车面内外缘重合良好，腓骨外踝重叠于胫骨正中偏后；
- 骨皮质、骨小梁结构清晰可见，周围软组织层次可见；
- 无运动伪影、体外物品干扰影及探测器伪影。

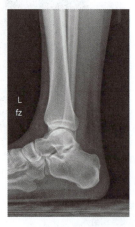

图86-3 踝关节负重侧位DR图像

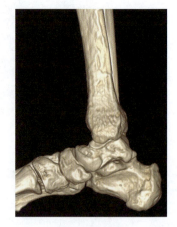

图86-4 踝关节负重侧位VR图

小贴士：踝关节负重侧位摄影时，另有临床要求，即双下肢均匀负重，然后每个踝关节逐一摄影。

87

踝穴位

技术要点

- **体位设计**：患者仰卧或坐于摄影床上，下肢伸直并内旋15°～20°，使内、外踝连线与平板探测器平行；足自然屈曲，不要强迫背屈；小腿长轴与照射野中心长轴平行。
- **中心线**：对准内、外踝连线中点上方1cm处，垂直入射。
- **摄影参数**：
  45～55kV，4～6mAs，FDD：≥110cm，不使用滤线栅。
  照射野与摄影部位匹配，满足显示范围要求但不包含过多不必要组织。
  小焦点；总滤过≥2.5mmAl当量。
- **辐射剂量诊断参考水平**：入射空气比释动能为0.37mGy。

图87-1　踝穴位（远）

图87-2　踝穴位（近）

质量要求

- 影像范围包括胫腓骨下1/3、内外踝、距骨、近端跖骨及周围软组织；
- 胫腓骨长轴与影像纵轴平行，踝关节位于影像正中；
- 距骨呈正位显示，整个滑车与踝关节间隙开放；
- 骨皮质、骨小梁结构清晰可见，周围软组织层次可见；
- 无运动伪影、体外物品干扰影及探测器伪影。

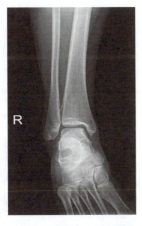

图87-3　踝穴位DR图像

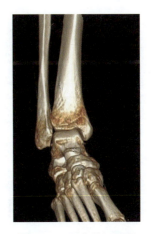

图87-4　踝穴位VR图

小贴士：踝穴位摄影对踝关节正位而言，可提高外踝病变的检出率。

88 跟骨侧位

技术要点

- **体位设计**：患者侧卧于摄影床上，下肢伸直，膝关节屈曲约45°；足背屈，足底平面与平板探测器垂直；足长轴与照射野中心长轴平行。
- **中心线**：对准内踝下2.5cm处，垂直入射。
- **摄影参数**：

  45～55kV，3～4mAs，FDD：≥110cm，不使用滤线栅。

  照射野与摄影部位匹配，满足显示范围要求但不包含过多不必要组织。

  小焦点；总滤过≥2.5mmAl当量。
- **辐射剂量诊断参考水平**：入射空气比释动能为0.37mGy。

图88-1　跟骨侧位（远）

图88-2　跟骨侧位（近）

质量要求

- 影像范围包括整个跟骨、距骨、舟骨、远端胫腓骨及周围软组织；
- 足长轴与影像横轴平行；
- 跟骨上方与距骨部分重叠，距跟关节开放，距骨沟与跟骰关节间隙开放；
- 骨皮质、骨小梁结构清晰可见，周围软组织层次可见；
- 无运动伪影、体外物品干扰影及探测器伪影。

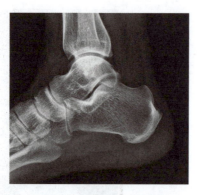

图88-3　跟骨侧位DR图像

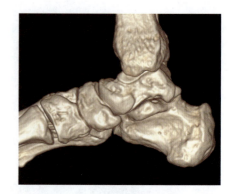

图88-4　跟骨侧位VR图

小贴士：双侧跟骨侧位摄影时，建议一次曝光，便于左、右两侧对比。

89 跟骨轴位

技术要点

- **体位设计**：患者仰卧或坐于摄影床上，下肢伸直，足跟置于平板探测器上；足背屈，使足底平面与平板探测器垂直，保持身体稳定；跟骨长轴与照射野中心长轴平行。
- **中心线**：向头侧倾斜40°～45°，对准第3跖骨基底入射。
- **摄影参数**：

  55～65kV，4～6mAs，FDD：≥110cm，不使用滤线栅。

  照射野与摄影部位匹配，满足显示范围要求但不包含过多不必要组织。

  小焦点；总滤过≥2.5mmAl当量。
- **辐射剂量典型值**：入射空气比释动能为0.2mGy。

图89-1 跟骨轴位（远）

图89-2 跟骨轴位（近）

质量要求

- 影像范围包括距跟关节至跟骨粗隆及周围软组织；
- 跟骨长轴与影像纵轴平行；
- 跟骨内侧载距突单独显示、跟骨粗隆无变形扭曲；
- 距跟关节间隙清晰可见；
- 骨皮质、骨小梁结构清晰可见，周围软组织层次可见；
- 无运动伪影、体外物品干扰影及探测器伪影。

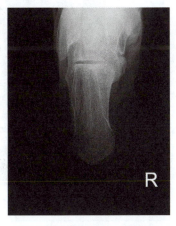

图89-3 跟骨轴位DR图像

图89-4 跟骨轴位VR图

小贴士：为了保证患者稳定摄影体位，可用绷带绑于足前部，向头侧方向牵拉绷带，辅助背屈动作。

90　　　　　　　　　　　　　跟骨负重长轴位

技术要点

- **体位设计**：患者站立于平板探测器上，双脚略分开且足尖向前，第2跖骨与胫骨垂直，保持身体稳定；双下肢伸直并均匀负重；足长轴与照射野中心长轴平行。
- **中心线**：向足跟侧倾斜45°，对准后踝入射（2次摄影）。
- **摄影参数**：
  55～65kV，6～8mAs，FDD：≥110cm，不使用滤线栅。
  照射野与摄影部位匹配，满足显示范围要求但不包含过多不必要组织。
  小焦点；总滤过≥2.5mmAl当量。
- **辐射剂量典型值**：入射空气比释动能为0.2mGy。

图90-1　跟骨负重长轴位（远）

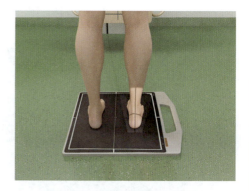

图90-2　跟骨负重长轴位（近）

质量要求

- 影像范围包括胫腓骨远端1/2、全部跟骨及周围软组织；
- 胫腓骨长轴与影像纵轴平行；
- 第2跖骨与胫骨力线重合，跟骨呈轴位显示；
- 骨皮质、骨小梁结构清晰可见，周围软组织层次可见；
- 无运动伪影、体外物品干扰影及探测器伪影。

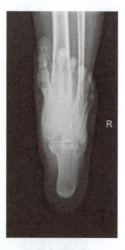

图90-3　跟骨负重长轴位DR图像

图90-4　跟骨负重长轴位VR图

小贴士：

1. 此项检查用于对跟骨内外翻的测量，观察第2跖骨与力线的关系。
2. 切忌双足同时拍摄，避免误诊。

91 足（跖骨）正位

技
术
要
点

- **体位设计**：患者坐于摄影床上，膝关节屈曲，足跖屈，足底置于平板探测器上，足长轴与照射野中心长轴平行。
- **中心线**：向足跟侧倾斜10°～15°，对准第3跖骨基底部入射。
- **摄影参数**：

  45～55kV，2～3mAs，FDD：≥110cm，不使用滤线栅。

  照射野与摄影部位匹配，满足显示范围要求但不包含过多不必要组织。

  小焦点；总滤过≥2.5mmAl当量。
- **辐射剂量典型值**：入射空气比释动能为0.2mGy。

图91-1　足（跖骨）正位（远）

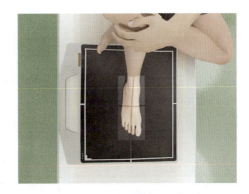
图91-2　足（跖骨）正位（近）

质
量
要
求

- 影像范围包括趾骨、跖骨、足舟骨、楔骨、骰骨及周围软组织；
- 足长轴与影像纵轴平行，第3跖骨基底位于影像正中；
- 第2至第5跖骨间距相等；
- 第1、第2跗骨间隙、舟距关节、跟骰关节间隙清晰可见；
- 骨皮质、骨小梁结构清晰可见，周围软组织层次可见；
- 无运动伪影、体外物品干扰影及探测器伪影。

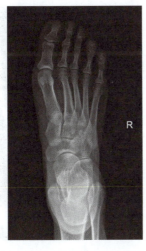
图91-3　足（跖骨）正位DR图像

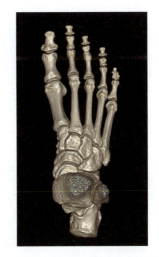
图91-4　足（跖骨）正位VR图

92

足(跖骨)斜位

技术要点

- **体位设计**：患者坐于摄影床上，膝关节屈曲，足向内侧倾斜，使足底平面与平板探测器呈30°～45°；足长轴与照射野中心长轴平行。
- **中心线**：对准第3跖骨基底部，垂直入射。
- **摄影参数**：
  45～55kV，2～3mAs，FDD：≥110cm，不使用滤线栅。
  照射野与摄影部位匹配，满足显示范围要求但不包含过多不必要组织。
  小焦点；总滤过≥2.5mmAl当量。
- **辐射剂量典型值**：入射空气比释动能为0.2mGy。

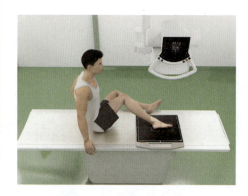

图92-1　足(跖骨)斜位(远)

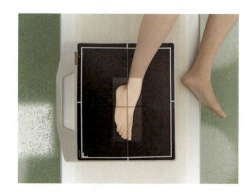

图92-2　足(跖骨)斜位(近)

质量要求

- 影像范围包括趾骨至跟骨后缘和距骨近端及周围软组织；
- 足长轴与影像纵轴平行，第3跖骨基底位于影像正中；
- 第1、第2跖骨基底重叠，第3至第5跖骨无重叠；
- 骰骨周围间隙清晰可见，第5跖骨基底粗隆清晰可见；
- 骨皮质、骨小梁结构清晰可见，周围软组织层次可见；
- 无运动伪影、体外物品干扰影及探测器伪影。

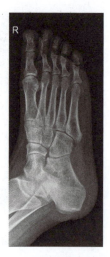

图92-3　足(跖骨)斜位DR图像

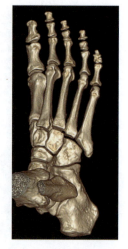

图92-4　足(跖骨)斜位VR图

93 足负重正位

技术要点

- **体位设计**：患者站立于平板探测器上，双脚略分开且足尖向前，第2跖骨与胫骨垂直，保持身体稳定；双下肢伸直并均匀负重；足长轴与照射野中心长轴平行。
- **中心线**：向足跟侧倾斜10°～15°，对准第3跖骨基底部入射（2次摄影）。
- **摄影参数**：

  45～55kV，3～4mAs，FDD：≥110cm，不使用滤线栅。

  照射野与摄影部位匹配，满足显示范围要求但不包含过多不必要组织。

  小焦点；总滤过≥2.5mmAl当量。
- **辐射剂量典型值**：入射空气比释动能为0.2mGy。

图93-1　足负重正位(远)

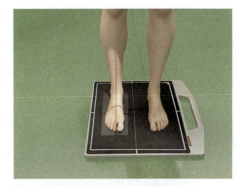

图93-2　足负重正位(近)

质量要求

- 影像范围包括趾骨至距骨远端及周围软组织；
- 足长轴与影像纵轴平行，第3跖骨基底位于影像正中；
- 第1、第2跗骨间隙、跗跖关节间隙清晰可见；
- 骨皮质、骨小梁结构清晰可见，周围软组织层次可见；
- 无运动伪影、体外物品干扰影及探测器伪影。

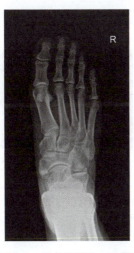

图93-3　足负重正位DR图像

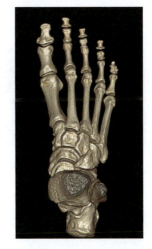

图93-4　足负重正位VR图

小贴士：

1. 负重足正位主要观察前足和中足的结构。
2. 双足负重正位不应一次曝光摄影，以免影响力线测量的准确性。

94 足负重侧位

技术要点

- **体位设计**：患者侧立于摄影架前，患侧下肢伸直并单独负重，健侧足抬高或足尖触地置于患足跟骨后方，保持身体稳定；小腿长轴与平板探测器纵轴平行。
- **中心线**：对准第 3 跖骨基底水平，垂直入射（2 次摄影）。
- **摄影参数**：

  45～55kV，4～6mAs，FDD：≥110cm，不使用滤线栅。

  照射野与摄影部位匹配，满足显示范围要求但不包含过多不必要组织。

  小焦点；总滤过≥2.5mmAl 当量。
- **辐射剂量典型值**：入射空气比释动能为 0.2mGy。

图 94-1　足负重侧位（远）

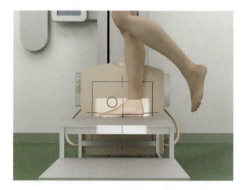

图 94-2　足负重侧位（近）

质量要求

- 影像范围包括全部足骨（跗骨、跖骨、趾骨）及周围软组织；
- 跖骨基底位于影像正中；
- 距下关节后关节面、距舟关节及第 1 跖楔关节清晰显示；
- 骨皮质、骨小梁结构清晰可见，周围软组织层次可见；
- 无运动伪影、体外物品干扰影及探测器伪影。

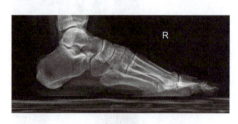

图 94-3　足负重侧位 DR 图像

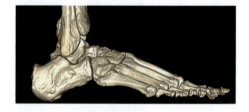

图 94-4　足负重侧位 VR 图

小贴士：有些文献表明，足负重侧位摄影时，双足均匀负重的影像更有利于临床诊断，那么使用一种辅助装置将平板探测器竖立于两腿之间，然后逐一摄影，便可解决这一问题。

95　　籽骨负重轴位

技术要点

- **体位设计**：患者站立于摄影架前，单足用力踩于籽骨盒上，籽骨置于籽骨盒的最低点；足长轴与籽骨盒长轴平行；胫腓骨长轴与地面（克氏针长轴方向）垂直。
- **中心线**：对准跖籽关节，垂直入射。
- **摄影参数**：

  55～65kV，4～6mAs，FDD：≥110cm，不使用滤线栅。

  照射野与摄影部位匹配，满足显示范围要求但不包含过多不必要组织。

  小焦点；总滤过≥2.5mmAl 当量。
- **辐射剂量典型值**：入射空气比释动能为 0.2mGy。

图 95-1　籽骨负重轴位（远）

图 95-2　籽骨负重轴位（近）

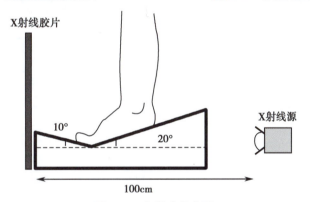

图 95-3　籽骨盒示意图

质量要求

- 影像范围包括踝关节上 2～3cm 和足底皮肤边缘；
- 籽骨与第 1 跖骨头位置关系清晰显示；
- 籽骨之间间隙及籽骨与跖骨头之间的间隙清晰可见；
- 骨缘锐利、骨小梁及周围软组织可见；
- 无运动伪影、体外物品干扰影及探测器伪影。

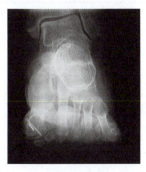

图 95-4　籽骨负重轴位 DR 图像

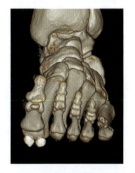

图 95-5　籽骨负重轴位 VR 图

小贴士：

1. 籽骨盒见图 95-3。

2. 需要特别关注体位设计过程中的安全问题，可借助设备自带的辅助架或是自制负重架，充分保证受检者安全。

3. 此项检查用于判断籽骨与跖骨头的关系，检查有无骨折、跖籽关节脱位。

第七节 骨 密 度

96 腰椎骨密度

- **信息录入**：患者姓名、性别、出生日期、身高、体重、种族、检查ID。
- **体位设计**：人体正中矢状面垂直并与摄影床中心重合；屈膝、屈髋，双腿弯曲并放在检查垫上，使患者腰背部紧贴床面。
- **扫描起始点**：第5腰椎。
- **呼吸方式**：平静呼吸。

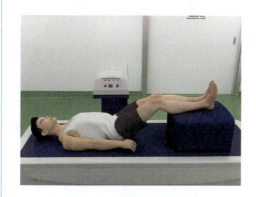

图96-1 腰椎骨密度（远）

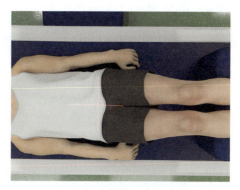

图96-2 腰椎骨密度（近）

- 影像范围包括第1腰椎至第5腰椎完整椎体；
- 椎体位于影像纵轴中线，左、右对称显示；
- 椎间隙清晰可见；
- 感兴趣区能正确划分；
- 能正确区分变异椎体影像，去除骨质增生影像。

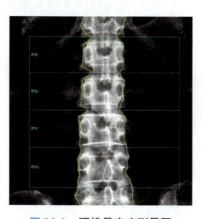

图96-3 腰椎骨密度测量图

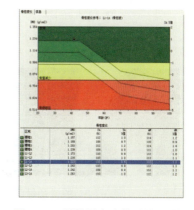

图96-4 腰椎骨密度检测结果示例

小贴士：
1. 定期使用骨模做设备校准，以确保骨密度检测结果的准确性。
2. 检查部位严重畸形或有金属植入物者不宜做骨密度检查。
3. 近期服用肠道内不能吸收药物，如钡剂、钙剂等，对检测结果可能产生影响。

97　　　　　　　　　　　　　　股骨颈骨密度

技术要点

- **信息录入**：患者姓名、性别、出生日期、身高、体重、种族、检查 ID。
- **体位设计**：人体正中矢状面垂直并与摄影床中心重合；下肢伸直，双下肢内旋，并使用梯形固定器固定。
- **扫描起始点**：股骨纵向中线与耻骨联合下缘下约 4cm 水平线交汇处。
- **呼吸方式**：平静呼吸。

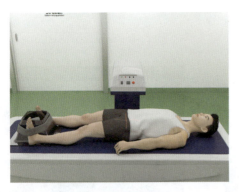

图 97-1　股骨颈骨密度（远）

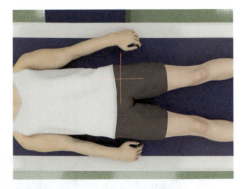

图 97-2　股骨颈骨密度（近）

质量要求

- 影像范围包括股骨近端、髋臼及部分髂骨；
- 股骨干长轴与影像纵轴中线平行；
- 股骨内旋，小转子不显示或少许显示；
- 股骨颈感兴趣区中不包含坐骨和大粗隆影像；
- 复查扫描影像，体位要前后一致，感兴趣区面积差别尽可能越小。

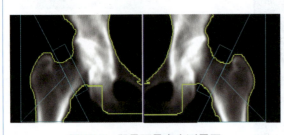

图 97-3　股骨颈骨密度测量图

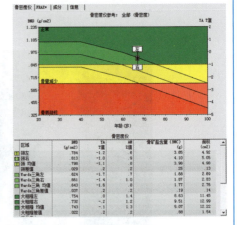

图 97-4　股骨颈骨密度检测结果示例

小贴士：
1. 双侧股骨扫描时只需要定位左侧股骨，右侧股骨则会自动定位。
2. 异常髋关节（股骨头坏死、股骨颈骨折、术后等）不宜作为骨密度扫描部位。

98　　　　　　　　　　　　　前臂骨密度

技
术
要
点

- **信息录入**：患者姓名、性别、出生日期、身高、体重、种族、检查 ID、前臂长度。
- **体位设计**：坐于摄影床旁，被检侧前臂掌心朝下，贴紧摄影床面；前臂纵轴与摄影床长轴平行。
- **扫描起始点**：尺桡骨茎突连线中点。
- **呼吸方式**：平静呼吸。

图 98-1　前臂骨密度固定（远）

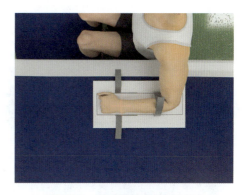

图 98-2　前臂骨密度固定（近）

质
量
要
求

- 影像范围包括尺、桡骨远端 1/2 及部分腕骨；
- 尺、桡骨长轴与影像纵轴中线平行，并居于影像正中；
- 前臂无旋转，桡骨头与尺骨轻微重叠，骨干分开显示；
- 尺、桡骨茎突清晰显示；
- 复查扫描影像，体位要前后一致，感兴趣区面积差别尽可能越小。

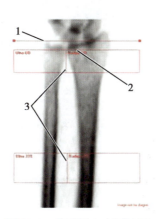

图 98-3　前臂骨密度测量图

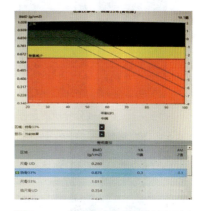

图 98-4　前臂骨密度检测结果示例

小贴士：也可采用卧位检查。

99 全身成分分析

技术要点

- **信息录入**：患者姓名、性别、出生日期、身高、体重、种族、检查 ID。
- **体位设计**：人体正中矢状面垂直并重合于摄影床中心；上肢置于身体两侧，双手平放；下肢伸直，双足并拢，用尼龙带将膝关节和踝关节分别绑定；受检者头顶距摄影床头侧外缘 3cm 左右。注：患者身体超宽时，则需将一侧身体包全，以估算另一侧数据。
- **呼吸方式**：平静呼吸。

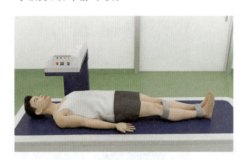

图 99-1　全身成分分析（远）

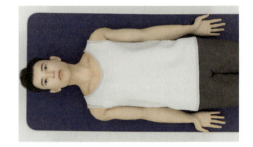

图 99-2　全身成分分析（近）

质量要求

- 影像范围包括颅顶至足底全部骨骼；
- 身体骨骼位于影像纵轴中线，左、右对称显示；
- 影像中，双上肢与躯体不重叠。

图 99-3　全身成分分析测量图

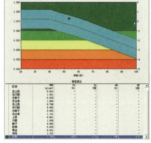
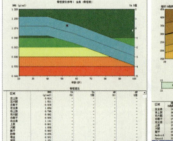

图 99-4　全身成分分析检测结果示例

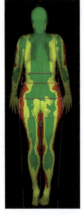

图 99-5　全身成分分析图像

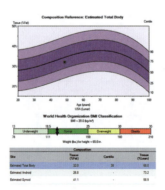

图 99-6　全身成分分析骨密度图

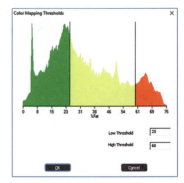

图 99-7　全身成分分析图

小贴士：骨密度检测报告解读如下。

1. 绝经后女性（包括围绝经期）和 50 岁以上男性的骨密度（BMD）报告，推荐使用 T 值。T≤−2.5 骨质疏松，−2.5＜T＜−1.0 骨量减少，T≥−1.0 正常骨密度。

2. 绝经前女性和 50 岁以下的男性骨密度（BMD）报告，尤其是儿童，推荐使用 Z 值。Z≤−2.0 骨密度低于同龄人，Z＞−2.0 骨密度在同龄人范围内。

第八节　乳　　腺

100

<table>
<tr><td rowspan="2">技术要点</td><td colspan="2">乳腺头尾位（CC）</td></tr>
<tr><td colspan="2">

- **体位设计**：球管0°水平位；站于摄影架前（也可坐位），头转向非检侧，手臂下垂，肱骨外旋或叉腰，肩部放松；技师站在受检者后方或内侧，受检者胸壁内侧紧贴摄影平台；将一只手放在受检者肩背部，提升乳腺下褶皱定位；利用双手牵拉乳腺将其置放摄影平台，使乳腺组织离开胸壁；将乳头置于摄影平台中心，一只手固定乳腺位置，转动受检者直至胸骨紧贴乳腺托盘；受检者无旋转下将乳腺后外侧缘提升到托盘上；技师用另一只手放置受检者肩上，脚踏压迫控制，下压至能固定乳房位置后，手动加压至乳腺展平。
- **辐射剂量诊断参考水平**：平均腺体剂量（AGD）为1.87mGy。

图100-1　乳腺头尾位（远）

图100-2　乳腺头尾位（近）

</td></tr>
<tr><td rowspan="2">质量要求</td><td colspan="2">

- 乳头位于影像中心并呈切线位；
- CC位与MLO位摄影的乳头后线长度差，须在1cm范围之内；
- 乳腺内侧缘成像，外侧部位尽可能多的成像；
- 腺体后脂肪组织应成像；
- 可见小部分胸大肌；
- 乳房皮肤无皱褶；
- 双侧乳腺CC位影像对称放置呈球形；
- 影像层次分明，病灶显示清晰，能显示0.1mm细小钙化。

</td></tr>
<tr><td>

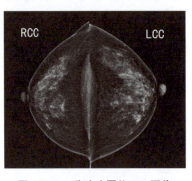

图100-3　乳腺头尾位DR图像

</td><td>

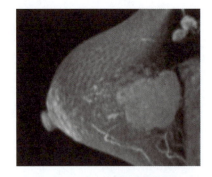

图100-4　乳腺结构示意图

</td></tr>
</table>

小贴士：

1. 乳腺压迫至最适压力，较大的乳腺囊肿、隆胸术后、明显肿块皮肤张力较高的患者，压迫时需手动，慢慢压迫。

2. 对于晚期乳腺癌患者，如肿块过大、皮肤有溃烂、流血、流脓时，不适合过度压迫。

3. 数字乳腺X射线断层体位设计与乳腺X射线摄影一致，一般情况下，仅需要常规体位[CC和内外斜位（MLO）]即可，数字乳腺X射线断层成像CC体位操作要点与常规X射线基本一致。

101 乳腺内外斜位（MLO）

技术要点

- **体位设计**：被检侧靠近摄影平台成侧位站立，两脚略分开，托盘平面与被检侧胸大肌平行，X射线束方向从乳腺的上内侧到下外侧；托盘外上拐角放在被检侧胸大肌后面腋窝凹陷的上方，背部肌肉的前方；被检侧手臂搁在摄影台侧面，手拉住机器侧面手柄，肘关节弯曲；将一只手放在受检者肩背部，旋转受检者使其尽可能靠近托盘边缘；另一只手的大拇指贴住受检者的胸壁，手掌托住整个乳房放在摄影台上，并将乳房尽量摊开；压迫板向下加压，并将压在乳房下的手指慢慢抽出，展平乳房表面皮肤皱褶。
- **辐射剂量诊断参考水平**：平均腺体剂量（AGD）为1.94mGy。

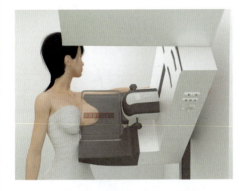

图 101-1　乳腺内外斜位（远）

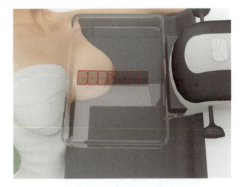

图 101-2　乳腺内外斜位（近）

质量要求

- 胸大肌显示充分，其下缘能显示到乳头后线或以下；
- 乳腺下皱褶分散展开，且能分辨；
- 腺体后部的脂肪组织充分显示；
- 乳房皮肤无皱褶；
- 部分腹壁包括在影像中，但与下部乳腺组织分开；
- 双侧乳腺MLO影像对称放置时呈菱形；
- 影像层次分明，病灶显示清晰，能显示0.1mm细小钙化。

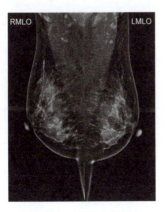

图 101-3　乳腺内外斜位

图 101-4　乳腺内外斜位结构示意图

小贴士：

1. 为使摄影台边缘与受检者的胸壁紧贴，需调整球管旋转角度如下。"高瘦"型：50°～60°，"中等"型：40°～50°，"矮胖"型：30°～40°。

2. 确认照射野内。受检者下颌不在照射野内，乳头在切线位，部分腹壁包括在片中，但不与乳腺下部相重叠和部分腹壁包括在片中，但不与乳腺下部相重叠。

3. 数字乳腺X射线断层成像MLO体位操作要点与常规X射线基本一致。

102 数字乳腺体层合成（DBT）

技术要点

- **体位设计**：DBT体位设计与乳腺X射线摄影一致；调节压迫装置对受检乳腺加压；乳房在摄影平台上保持制动，X射线管围绕乳房在一个特定的角度内旋转（目前旋转角度在±7.5°～±25°范围内）；每旋转一定的角度，低剂量曝光一次；短时间内进行曝光；球管旋转至中央，在同一压迫下可获取2D图像。
- **指导剂量**：平均腺体剂量（AGD）为2D单次照射2mGy，2D+DBT 3.5mGy。

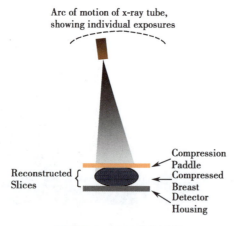

图102-1　DBT成像原理

图102-2　乳腺三维成像示意图

质量要求

- 乳头的轮廓可见，乳头无下垂，并处于切线位；
- 实质后的组织清晰显示；
- 实质侧面组织影像清晰显示；
- 包含胸壁组织，乳腺下部无折叠；
- 影像层次分明；
- 不同角度投照下的影像不能有腺体缺失。

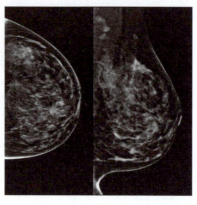

图102-3　乳腺全视野数字化乳腺摄影（FFDM）

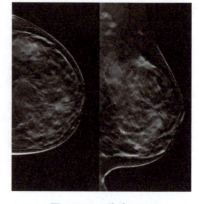

图102-4　乳腺DBT

小贴士：

1. 定期对设备进行校准和保养，使用模体摄影检查图像质量是否达标，与数字化乳腺摄影（DM）检测图像相比，DBT检测图像增加了部分额外的指标，包括DBT图像Z轴分辨率、空间分辨率及容积覆盖率等。

2. 当进行DBT检查时，一般情况下仅需要常规体位即可，但不除外必要时需要增加点压或放大摄影。

3. 仅在一个体位上发现的异常，可能是真正的异常，但被纤维腺体组织遮挡而显示不清，或仅在一个体位上被发现；不对称性致密也可能因代表正常的纤维腺体组织重叠所致。

103 乳腺内外侧位（ML）

技术要点

- **体位设计**：球管旋转90°，被检侧手臂搁在摄影台侧面，手拉住机器侧面手柄，肘关节弯曲；向前向内牵拉乳腺组织和胸大肌，向上向外提升乳腺；将压迫板经过胸骨，受检者旋转至侧位位置；向下牵拉腹部组织打开乳腺皱褶。
- **指导剂量**：平均腺体剂量（AGD）为2mGy。

 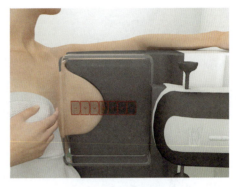

图103-1 乳腺内外侧位（远）　　图103-2 乳腺内外侧位（近）

质量要求

- 乳头的轮廓可见，乳头无下垂，并处于切线位；
- 实质后的组织清晰显示；
- 实质侧面组织影像清晰显示；
- 包含胸壁组织，乳腺下部无折叠；
- 影像层次分明，病灶显示清晰，能显示0.1mm细小钙化。

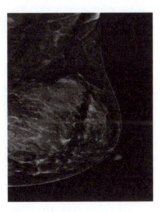 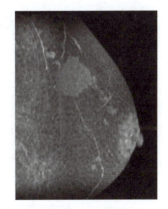

图103-3 乳腺内外侧位DR图像　　图103-4 乳腺内外侧位结构示意图

小贴士：

1. 内外侧位（ML）射线从内侧射入、外侧射出，显示乳腺外侧部分的病变。

2. 为了结合头尾位（CC）精准定位，在乳腺穿刺定位，导管造影需要确定病变准确位置时，可采用侧位代替内外斜位。

104 乳腺外内侧位（LM）

技术要点

- **体位设计**：球管旋转 90°；被检侧手臂搁在摄影台侧面，手拉住机器侧面手柄，肘关节弯曲；牵拉可移动的外下方组织向上提升乳腺；压迫板经过胸骨，受检者旋转至侧位位置；向下牵拉腹部组织打开乳腺皱褶。
- **指导剂量**：平均腺体剂量（AGD）为 2mGy。

图 104-1　乳腺外内侧位（远）

图 104-2　乳腺外内侧位（近）

质量要求

- 乳头的轮廓可见，乳头无下垂，并处于切线位；
- 实质后的组织清晰显示；
- 实质侧面组织影像清晰显示；
- 包含胸壁组织，乳腺下部无折叠；
- 影像层次分明，病灶显示清晰，能显示 0.1mm 细小钙化。

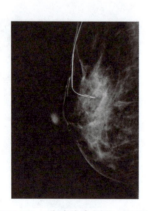

图 104-3　乳腺外内侧位 DR 图像

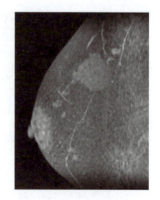

图 104-4　乳腺外内侧位结构示意图

小贴士：外内侧位（LM）射线从外侧射入、内侧射出，显示乳腺内侧部分的病变。

105

乳腺放大位（M）

- **体位设计**：根据已摄乳腺影像体位要求放置；摄影范围包含要求的病变位置和范围；测量从乳头至病变的垂直距离，在上、下或内、外方向上测量乳头至病变距离及从病变到皮肤表面的距离；用手模拟加压，将3个测量值转换成标记来确定病变的具体位置；将中心的定点压迫装置放在病变上方。
- **指导剂量**：平均腺体剂量（AGD）为≤2mGy。

技术要点

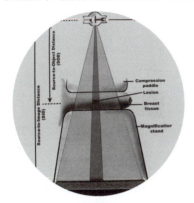

图105-1　乳腺放大装置

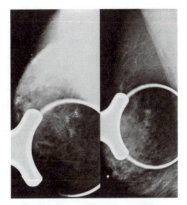

图105-2　局部加压摄片

图105-3　乳腺放大位（远）

图105-4　乳腺放大位（近）

质量要求

- 所选区域位于摄影中心；
- 影像层次分明；
- 病灶显示清晰。

图105-5　1.5倍放大摄片

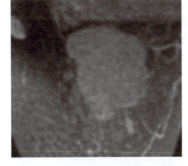

图105-6　乳腺放大位结构示意图

小贴士：

1. 点压摄影需结合小焦点放大摄影来提高乳腺细节的分辨率。
2. 根据标准体位影像确定病变的位置和范围。
3. 局部加压选择相应的压迫板进行最适压力压迫。

106

乳沟位摄影（CV）

技术要点

- **体位设计**：面向乳腺摄影机，头转向对侧；双侧乳腺放置在摄影平台，向前拉伸双侧乳腺全部内侧组织；X射线从头侧射向尾侧，中心为双乳腺内侧乳沟位；牵拉可移动的外下方组织向上提升乳腺。
- **指导剂量**：平均腺体剂量（AGD）为2mGy。

图106-1　乳腺乳沟位（远）

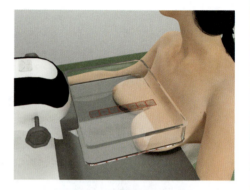

图106-2　乳腺乳沟位（近）

质量要求

- 充分显示双乳腺内侧组织；
- 尽量显示胸骨前软组织；
- 乳腺后内深部组织显示良好；
- 无皮肤皱褶；
- 影像层次分明，病灶显示清晰，能显示0.1mm细小钙化。

图106-3　乳沟位影像

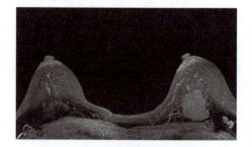

图106-4　乳沟位结构示意图

小贴士：

1. 如果探测器位于乳沟开放位置下方，必须使用手动曝光技术。
2. 如将被检侧乳腺放置在探测器上方，乳沟轻微偏离中心，则可使用自动曝光技术。

79